历史的天空

中国历代暴君 

历史的天空

中国历代暴君

荀伟东 编著

吉林出版集团股份有限公司 | 全国百佳图书出版单位

前　言

古往今来，人类浩瀚如烟的历史长河里，留下了一个个鲜活的面孔，他们或博古通今，或运筹帷幄，或指点江山，或忠君爱国，或遭人唾弃……他们铸就了历史的兴衰与荣辱，辉煌与悲怆。

几千年来的人类文明历史，因为有了这些著名的人物而变得丰富多彩，无论他们是正义抑或是邪恶的，都对历史车轮的前进留下了不可磨灭的印记。

英国哲学家弗朗西斯·培根曾经说过："读史使人明智"。历史蕴含着丰富的经验与真知。本套书不仅仅是让读者学习其中的历史知识，更是希望他们通过阅读这些著名人物的故事，在充分了解昨天的基础上，把握好今天，充实自己的头脑，获得丰富的人生启迪，创造出更加美好灿烂的明天。

《历史上著名的暴君》一书，为读者描绘了中国数千年来的封建社会当中一些暴君的统治，如夏桀、商纣、隋炀帝、元顺帝等统治时期，广大的中国老百姓被暴君作威作福、肆无忌惮的暴行折磨得苦不堪言。

其实中国历史上的暴君远远不止这些，这些只是有代表性的，像明王朝，五胡十六国暴君的出现率是非常高的，而令人深思的是，这些有名的暴君，大多极其聪明。五胡乱华十六国时期坐上帝王宝座的除后赵的石勒和前秦的苻坚外，其余都是或大或小的暴君。

本书通过丰富的史料，为读者展现了中国古代暴君的丑恶的嘴脸和暴虐的恶行，让读者在了解历史的基础上，客观地看待事物，提高洞察力、观察力和批判力，感悟国家的盛衰兴亡，珍惜和热爱今天的生活。

目　录

目 录

目 录

◆目　录◆

暴虐无道——夏桀

夏桀，名癸、履癸，他文武双全，力大无比，赤手可以把铁钩拉直，但是生活荒淫、政治暴虐。商汤在名相伊尹的密谋策划下，起兵讨伐夏桀，商汤先攻灭了夏桀的附属国韦国、顾国，又击败了昆吾国，然后直逼夏的重镇鸣条。

夏桀被商汤所灭，国亡，后遭放逐饿死，谥号为“桀”，桀是凶猛的意思。夏桀是中国历史上著名的暴君。

夏桀时期的中国，整个社会分成了三大阶级：奴隶主阶级、奴隶阶级和平民阶级。奴隶主大多是由母系氏族社会末期的氏族首领和部落贵族转化而来的。

他们在生产交换中夺取了大量的财富，在战争中扩大了权力，最终转变为占有全部生产资料和完全占有生产者本身的奴隶主阶级，成为社会的统治者，他们整天沉迷于饮酒、打猎和歌舞，而不管奴隶的死活。

奴隶主要是由氏族部落之间的掠夺战争中得到的俘虏转化而来，也有一部分是氏族公社中的贫苦社员沦为奴隶的。在奴隶主眼里，奴隶只是“会说话的工具”。奴隶被奴隶主成批地赶到农田里去种地、放牧，从事各种繁重的体力劳动。奴隶主可以随意地把奴隶关进监狱，施以重刑杀害，死后还要奴隶殉葬。

亲佞远贤

夏桀即位后，内政不修，外患不断，阶级矛盾日趋尖锐。夏桀不思改革，骄奢自恣，生活无比糜烂，这一切的负担自然都落在百姓的身上，人民的生活非常困苦，却又敢怒而不敢言。夏桀亲信佞臣，远离忠良。有个名叫赵梁的小人，专门投夏桀所好，教夏桀如何享受，如何勒索、残害百姓，得到了夏桀的宠信。

夏桀派人从各地广寻美女，藏在后宫之中，日夜与这些美女们饮酒作乐，乐师和歌女则站在酒池中摆渡的船上，给大伙伴奏。

据说夏桀挖了一个闻名后世的巨大的酒池，池里面灌满了美酒，能够行船于酒池中。好多人喝醉了以至于掉入酒池淹死。为了把更多的酒装在池中，夏桀用了大量的粮食，剩的酒糟堆积成山，连绵数十里，从丘顶可以远望七里，穷奢极欲的代价就是老百姓拼命地上缴赋税给夏桀，自己只能吃糠咽菜。

夏桀继位后的第十七余年，有人引见伊尹给夏桀，伊尹以尧、舜的仁政来劝说夏桀，希望夏桀体谅百姓的疾苦，用心治理天下，夏桀却根本听不进去，伊尹见此，只得离去。

夏桀残暴不仁，破坏农业生产，对外滥施征伐，勒索小邦。他即位后的第三十三年，发兵征伐有施氏，有施氏抵抗不过，请求投降，并把多年来积攒的奇珍异宝全部奉献出来，又从民间挑选出了许多年轻美貌的姑娘，一起进贡给了夏桀。在这众多美女中，有个叫妹喜的，因其美貌，令夏桀满心欢喜，便当即下令撤军回去。

夏桀听妹喜说，她原是有施国君的义女，是主动要求来侍奉夏王的，心中更是欣喜若狂，第二天就把妹喜封为皇后，宠冠后宫，他觉得原来的那些宫室都不配给妹喜居住，于是就下令征集民夫，为妹喜重新建造了一座高大华丽的宫殿，远远望去，宫殿耸入云霄，好像宫殿要倾倒一样。因此，这座宫殿就被称之为倾宫，宫内有琼室瑶台，镶金嵌银的走廊，白玉雕琢的床榻，一切都无比奢华。

夏桀非常宠爱她，为她聚财敛宝，荒废政事也在所不惜。因为妹喜纤弱，需要增肥，夏桀就在酒池旁把肉堆得像山一样高，牛肉干儿一条一条地挂着仿佛树林。这就是传说中的酒池肉林了。

夏桀怕妹喜思念家乡，按着妹喜的要求，派人到民间去挑选三千美女到倾宫歌舞，又派人督做三千件刺绣的舞衣，百姓交不出绣衣的，都要被严刑拷打，弄得百姓叫苦连天，民怨沸腾。

夏桀像

妹喜还说：“裂帛的声音，清脆无比，十分悦耳。”夏桀便命令百姓每天都要进贡一百匹帛，叫力大的宫女天天撕裂给妹喜听。

夏桀为了满足奢侈的享受，无休止地征发夏民，强迫他们无偿劳役，拼命宰割人民，榨干百姓的血汗，百姓对他的暴政已达到忍无可忍的程度，因此都愤怒地说："你这个太阳什么时候死去，我们宁愿跟你同归于尽。"可见百姓对他痛恨的程度有多深。

诛杀贤臣

太史令终古看到夏桀这样荒淫奢侈，便进宫向夏桀哭泣进谏说："自古帝王，都是勤俭自持的，他们爱惜人民的力量，这样才能够得到人民的爱戴。不能把人民的血汗全部供给一人的娱乐。这样奢侈下去，最后只有亡国。"夏桀听了很不耐烦，斥责终古多管闲事，终古知道夏桀已不可救药，心里明白夏肯定要灭亡的，就投奔了商汤。

大臣关龙逄看到夏桀大失人心，实在忍不住了，就手捧上面绘制着祖先丰功伟绩的黄图，包括大禹治水的图像，跑来给夏桀看，希望可以警醒夏桀。

关龙逄说："希望您看了以后，能像大禹一样节俭，爱惜民力，效法先王，善待民众，停止恣意妄为，这样才能得到天下诸侯的拥戴，才能够久享国运。若是继续挥霍无度，苛待百姓，任性妄为，那么，离亡国的日子也就不远了。"

夏桀听了很生气，说："我是太阳，我居天地之上，永远存在，谁敢反我？"

"请您别这么说，您知道吗？人们一听见您的太阳学说就头疼，天天指着太阳咒骂：'时日曷丧，予汝偕亡'——说您这个太阳什么时候灭亡啊，我们都盼着呐，宁可我们也不活了，愿意跟您同归于尽！”

夏桀大怒，下令将黄图焚毁，对关龙逄说：“你最好不要干预我的事，否则你会死得很难看。”关龙逄还是不停地劝谏，站在朝堂上说什么也不肯走，夏桀只好把他投进监狱。

关龙逄在监狱里还是闹哄，寻死觅活，不依不饶。夏桀被他气坏了，把他杀了，然后警告朝臣说：“今后有再像关龙逄这样的人来进言，一律杀头。”于是再也没有人敢多说一句话了，贤能的人都躲了起来。

这样，夏朝的朝政日益腐败，夏桀也渐渐失去人心，众叛亲离了。到了晚年，夏桀更加荒淫无度，竟命人造了一个大池，称为“夜宫”，他带着一大群男女杂处在池内，一个月不上朝。正是这样，夏桀把夏朝送上了覆灭的境地。

夏桀认为他的统治永远不会灭亡。他说：“天上有太阳，正如我有百姓一样，太阳会灭亡吗？太阳灭亡的时候，我才会灭亡。”他还召集所属各部首领开会，准备发动讨伐其他部落的战争。夏桀此时已失去人心，弄得众叛亲离。这时候，商部落在其首领汤的领导下，日益强大起来。

夏桀像

商汤是一位了不起的首领，他实行仁政，励精图治，使商国人口日益增多，粮食充足，国势日益强大起来。夏桀担心商汤会危及自己，就借故把他囚禁在了夏台。不久，商汤设计使夏桀释放了自己。

妺喜像

商汤看到夏王朝的腐败统治，坚定了他推翻夏桀，取而代之的信心，因此加快了灭夏的步伐，不久商汤在名相伊尹的谋划下，起兵讨伐夏桀，在战前他举行了隆重的誓师仪式。汤先攻灭了夏朝诸侯韦国、顾国，击败了昆吾国，然后直逼夏的重镇鸣条。

夏桀再也顾不得饮酒作乐了，仓促调集军队迎战，双方军队会战于鸣条。两军交战，夏军将士原本就不愿为夏桀卖命，乘机纷纷逃散。夏桀制止不住，只得仓皇逃入城内。夏桀惨败逃走，商军在后紧追，夏桀带着妺喜和珍宝，渡江逃到了南巢，不久病死。商汤受到了天下诸侯的拥护，取得了天下之主的地位，夏朝正式宣告灭亡。

桀的罪恶是否如此深重，后人颇有争议，有人肯定，有人怀疑。南宋文学家罗泌在《桀纣事多失实论》中就认为，桀的许多罪恶其实并非桀所为，而是后人将后世帝王罪恶加在桀身上，将他塑造成一个暴君的典型而已。

穷奢极欲——商纣

商代的纣王因为他的母亲是帝乙的正妻，所以他成了帝位的继承人。纣王聪明过人、能言善辩，见识也十分广博；他身材魁梧，力大惊人，能够赤手与猛兽格斗。但是，他自以为聪明，听不进大臣对他的劝谏。他雄辩的口才能够把事情说得天花乱坠，也能把自己的错误粉饰得滴水不漏。他经常在大臣面前显示自己的才能，对全天下吹嘘自己的名望，他认为所有的人都不如自己，自己是全天下最厉害的人。

纵欲享乐

纣王是个既贪酒又好色的人，及其宠爱妃子妲己，对妲己的话一向都是言听计从。为了更好地满足自己的欲望，纣王命令乐师涓创作了很多音乐，以及一首名叫《北里》的舞曲。纣王贪财享乐，他建造了一座宫殿，取名鹿台，在里面收藏了大量的奇珍异宝，国库中也堆满了高如山丘的粮食。

他让人搜集大量的奇兽异物，充斥了整个朝廷；他还大肆扩建沙丘行宫，在里面放置了无数的飞禽走兽，使那里成为养禽种花的享乐场所。当时的人们笃信鬼神，可是纣王对待鬼神却十分轻视，经常在祭祀场所笙歌艳舞，酒池肉林，纵情享乐，通宵达旦。对此，文武百官心中十分不满，而四方的诸侯里也已经开始有人背叛商朝了。

为了维护自己的统治，纣王听信了妲己的话，加重了刑罚，发明了一种名叫炮烙的酷刑，就是在炭火上放一根铜柱，把铜柱烧热，让人在上面行走，底下不停地加热，直到忍受不了，掉入火中烧死。在实施这种酷刑时，纣王与妲己等人到场观赏，他们竟然以此为乐，可见其残忍程度。

残忍暴虐

西伯昌（姬昌）、九侯、鄂侯是纣王时期的三公，掌握军政大权以辅助纣王。九侯有个女儿十分漂亮，九侯把她进献给了纣王做妃子。但是，这个女子不喜欢取悦纣王，纣王很不高兴，妲己又在一旁进谗言，纣王竟然一怒之下把她杀了，因为害怕九侯为女报仇，就把九侯剁成了肉酱。鄂侯知道此事后非常气愤，上朝时极力劝谏纣王废除酷刑，因言辞过激，不小心惹恼了纣王，纣王也将他一起杀掉了，还把他的尸体制成了肉干。

西伯昌听说了这些事情，为求自保，只能暗地里叹息。谁知这事被生活在崇国的崇侯虎知道了，便向纣王告了密，于是，纣王把西伯昌囚禁在了一个叫羑里的地方。西伯昌的臣子为了救主，搜寻了一些美女和奇珍异宝，进献给了纣王。纣王这才赦免了西伯昌。

西伯昌被纣王释放以后，将自己的一大片土地进献给了纣王，并且请求他废除炮烙这个酷刑。纣王应允了他，并且把弓箭大斧赏赐给了他，让他有代天子征伐其他诸侯的大权。从此西伯昌成了西部诸侯的首领。在商王朝内部，纣王任用费仲管理国家大事。

费仲是个善于阿谀奉承、欺上瞒下的小人，贪财图利，所以百姓都不喜欢他。此后，纣王又任用了恶来。恶来这个人嫉贤妒能，喜欢用谗言来诋毁他人。由此一来，四方的诸侯就与商王朝更加疏远了。

西伯昌回到自己的封地后，暗中访能纳贤、广施善行。四方诸侯看到纣王离经叛道、倒行逆施，都大失所望，逐渐地向西伯昌臣服。随着西伯昌的势力日益壮大，纣王逐渐失去了往日的威信与权势。商容是商朝的一位贤者，商王朝的百官贵族都很尊敬他，而昏庸的纣王却离弃了他。

纣王像

后来，西伯昌起兵讨伐饥国，灭掉了这个忠于商纣的小诸侯国。纣王的大臣祖伊听说这件事后，非常担忧，觉得如果照这样发展下去，后果将不堪设想。于是，祖伊赶紧向纣王进谏说："大王啊！我们的国运正在逐渐衰落！我进行占卜都得不出什么好征兆。您不遵循上天的规律，又不遵守国家的常法，因此上天要惩罚我们！现在，我国百姓都人心惶惶，到处散布可怕的亡国消息，面对如此危险的境地，大王，您说应该怎么办啊？"

纣王却不以为意地说："我是天子，就是天的儿子，上天自然可以保护我和我的国家的。"听到纣王这样说，祖伊慨叹道："纣王已经无可救药了！”他失望地返回了自己的封国。

西伯昌去世以后，他的儿子姬发继承了父亲未完的事业。此时的纣王更加地荒淫无道，毫无节制。而王叔比干认为人臣必须向国君劝谏。他就极力地进谏纣王，惹得纣王大怒，说：“我听说圣贤之人的心脏有七个孔窍，我看看你是不是这样的。”他残忍地命人剖开比干的胸膛，挖出他的心脏来观看。大臣箕子为保全自己，不得不装疯卖傻，但纣王还是把他囚禁了起来。

大臣微子在多次劝谏纣王无果以后，便和太师、少师带着商朝祖先流传下来的祭器和乐器离开了。姬发认为伐纣的时机已经成熟，便率领四方诸侯东进讨伐。纣王急忙调动军队迎击。双方在牧野展开了一场激战。

结果，由于纣王的军队是临时由奴隶和战俘拼凑成的，他们哪里愿意帮助纣王，于是全部在阵前倒戈，纣王大势已去，逃回了王宫，他绝望地登上鹿台，点起一把大火，穿上用宝玉装饰、用金线缝制的衣服，跳到大火中被烧死了。商朝就这样灭亡了。

上周青铜器

残暴无德——周厉王

周厉王是西周的第十位国王，姓姬名胡。在位的时候，任用荣夷公实行“专利”，就是用国家名义来垄断山林川泽，不让百姓上山砍柴打猎，下河捕鱼，以此剥削压迫人民，后被忍无可忍的百姓推翻。

杀人止谤

周厉王擅长搜刮财物，残酷欺压百姓。荣夷公按照他的命令，垄断霸占了一切湖泊、河流、山林的收益，禁止老百姓上山砍柴打猎、下河捕鱼，断绝了广大人民群众的生计；对外兴师动众，征伐邻邦，不断加重老百姓的负担。

他的倒行逆施、横征暴敛，引起了老百姓的不满，纷纷议论他的过失，社会动荡不安。大臣召公谏劝他说：“人民已经快要不能忍受暴虐的政令了。”

周厉王大怒，召来一个卫国的巫师，命他监视国人的议论，发现议论国事并且表示不满的人，就抓起来杀死，让老百姓敢怒而不敢言。这样，议论的人就少了，老百姓都不敢随便开口讲话，路上遇到熟人，只好互相使眼色示意。

周厉王大喜，告诉召公说：“我已经消除了议论，百姓再不敢有怨言了。”召公说：“堵住民众的嘴，比堵塞河流的危害还要严重。河流一旦决堤，伤害的人一定很多。堵住老百姓的嘴也是一样的道理。所以，治水必须疏通河道，使河水畅通；治理国家要开放言论，让老百姓敢说话。天子处理朝政，要使上至公卿下至小吏进献批评朝政的诗篇，乐官进献反映民意的歌曲，史官进献前代得失利弊的史书，太师进献有劝诫意义的文章，地方各级官吏都能上谏，普通民众的意见可以层层反映，上传到天子，左右近臣要做到规谏的责任，内亲外戚要监督和考察天子的行为，乐师和太史教导天子。老臣汇集整理各方面的意见，然后请君王斟酌考虑衡量取舍。这样，政事的施行才不会违背常理。百姓有嘴，就像土地有山川，人类吃穿用度都从这里产生。让百姓自由地讲话，善事加以广泛的推行，恶事加以明确地禁止，百姓在心里思考，想成以后就在嘴里说出，如果堵住了他们的嘴，不让他们发表自己的心中所想，那么赞同你的，跟随你的又能有几个人呢？”但周厉王根本听不进去。

于是老百姓不敢再讲话，对周厉王的不满和愤怒也越来越重。

周厉王

国人暴动

受压迫之下的百姓不堪忍受周厉王的暴政，爆发了起义，百姓前赴后继，围攻王宫，要杀周厉王。周厉王得知了风声，慌慌张张地带了一批人逃命，一直逃过了黄河，到了彘地才停了下来。

起义的百姓冲进王宫，没有找到周厉王，一气之下，把王宫烧了，又赶到了东宫去抓太子。可是太子不见了。这时有人报告说，太子跑到召公的家里去了。愤怒的百姓立刻把召公的宅子围了个水泄不通。召公正在安慰年幼的太子，忽然听见外面乱哄哄一片，大门被撞得震天响，百姓叫嚷着让召公交出太子。召公走出家门，对起义群众说："咱们往日无冤，近日无仇，你们为什么跟我过不去呢？"百姓们答道："你把太子交出来，就没你的事。要是不肯交，我们可要攻进去了。"

召公想：从前，我屡次劝谏大王，大王都不听，所以才造成了今天的灾难；现在如果杀了太子，大王就会认为我怨恨他不肯听我的话，所以才故意报复他；侍奉主子的人，就算身处于危险之中，也不能心怀怨恨，就算被主子责怪，也不能有怨言，更何况我侍奉的还是天子呢。想到这儿，召公打定了主意，对起义的百姓说："好，你们等着，我马上将太子送出来。"

召公进屋叫来自己的儿子，让他和太子换了衣服，就用自己的儿子代替了太子，把他送了出去。太子最终得以脱身，而他的儿子却被愤怒的百姓杀死了。

周厉王逃走后，召公和周公共同管理朝政，号称共和。后来，周厉王死在了彘地。太子静已在召公家里长大成人，召公和周公就一块儿扶立他为王，他就是周宣王。宣王登基之后，由二相辅佐，师法文王、武王、成王、康王的遗风，内修政事，外攘夷狄，国内安定，百姓安居，诸侯又都来朝拜周王室了，史称"宣王中兴"。

昏庸无道——周幽王

周幽王是西周末代君主，他在位时，沉湎声色，不问政事，各种社会矛盾急剧尖锐化，政局不稳，地震、旱灾频繁发生。周幽王变本加厉地加重剥削，任用贪财好利善于逢迎的虢石父主持朝政，宠爱褒姒，最终导致西周灭亡。

烽火戏诸侯

周幽王三年（公元前779年），周幽王攻打褒国，褒国兵败，于是献出美人褒姒乞降。

周幽王一看褒姒美若天仙，高兴得不得了，马上立她为妃。他十分宠爱褒姒，可是褒姒虽然容貌倾国倾城，却始终面如冰霜，自从进宫以后从来没有笑过一次。周幽王为了取悦褒姒，想尽了一切办法，可是始终无法博得褒姒一笑。为此，周幽王竟然还出了个悬赏：有谁能让王妃娘娘笑一下，就赏他一千两金子。

有个叫虢石父的佞臣，替周幽王想了一个鬼主意，提议用烽火台一试。当时，周王朝为了防备犬戎的进攻，在京城附近的骊山一带修造了二十多座烽火台，每隔几里地就是一座。一旦犬戎打过来，把守第一道关的兵士就把烽火烧起来；第二道关上的兵士见到烟火，也把烽火烧起来。这样临近的烽火台一个接着一个的点燃烽火，附近的诸侯见到烽火，知道京城告急，天子有难，就会发兵来救。

虢石父对周幽王说：“如今天下太平，烽火台长久没有使用了。我想请大王跟娘娘上骊山去玩几天。到了晚上，咱们把烽火点起来，让附近的诸侯见了赶来，上个大当。娘娘见了这么多的兵马扑了个空，一定会觉得好笑。”昏庸的周幽王采纳了虢石父的意见，马上带着褒姒登上了骊山，命令士兵把烽火点了起来。临近的诸侯看到了烽火，都以为犬戎打过来了，赶快带领兵马火速赶来救援。

褒姒塑像

没想到赶到之后，连一个犬戎兵的影儿都没有看到，却听到山上一阵阵奏乐和唱歌的声音，一看是周幽王和褒姒正坐在高台上饮酒作乐，诸侯都愣住了。周幽王派人告诉他们说，辛苦大家了，这儿没什么事，不过是大王和王妃放烟火玩儿，你们回去吧！诸侯这才知道上了当，憋了一肚子气回去了。

褒姒看见骊山脚下来了好几路兵马，乱哄哄的样子，觉得十分好玩，禁不住笑了一下。周幽王见褒姒露出了笑容，大喜，立刻赏给虢石父一千两金子。

废长立幼

周幽王十分宠爱褒姒，进宫的第二年，褒姒就为周幽王生下了一个儿子，取名伯服。周幽王对她更加宠爱了，竟然废黜了原配申氏和太子宜臼，册封褒姒为王后，立伯服为太子。有一

古代烽火台

天，宜臼在花园里玩耍，周幽王暗中将笼子里的猛虎放出，打算让猛虎咬死宜臼，永绝后患。

烽火台

宜臼是个很有胆识的孩子，当猛虎作势向他扑来时，他非但没有惊慌逃走，反而冷静地迎上前去，冷不防地大吼一声，吓得老虎吃了一惊，后退几步，趴在地上观察动静，不敢擅动，宜臼便趁机从容离去。他知道这是父王存心要暗害他，就与母亲申后偷偷地逃出皇宫，投奔到了外祖父申侯家。

周幽王废黜了申后和太子宜臼之后，害怕申后的父亲申侯不满意女儿被废，又下令废去申侯的爵位，还准备出兵攻打他。申侯得到这个消息，十分恼怒，他联合缯侯及西北夷族犬戎的军队，向京城发动攻击。周幽王听到犬戎进攻的消息，慌张万分，赶紧命令士兵上烽火台点燃烽火。烽火倒是烧起来了，可是诸侯因为上次受到了欺骗，这次谁都不再理会了。

烽火台上的烽火从白天烧到晚上，可就是没有一个援兵到来。使得周幽王叫苦不迭。镐京守兵本就怨恨周幽王昏庸，又不满将领经常克扣粮饷，事到临头也都不愿效命，犬戎兵一到，便

周幽王与褒姒

假装抵挡了一阵以后，便一哄而散，犬戎兵马蜂拥入城，周幽王带着褒姒、伯服，仓皇从后门逃走，逃往骊山。

逃跑途中，他再次命令士兵点燃烽火。烽火虽然直飞冲天，但还是不见诸侯的救兵前来。犬戎兵紧紧追逼，周幽王的护卫在一路上也纷纷逃散，最后逃进骊宫的时候，只剩下了一百多人。周幽王采纳了臣下的意见，命人放火焚烧前宫门，以迷惑犬戎兵，自己则从后宫门逃走。

犬戎兵个个骁勇善战，周幽王没逃多远，犬戎兵又追了上来，乱砍乱杀，最后只剩下了周幽王、褒姒和伯服三人。而他们早已被吓得瘫软在车中。

犬戎兵见周幽王穿戴着天子的服饰，知道就是周天子，就当场将他乱刀砍死。又从褒姒手中抢过太子伯服，一刀将他杀死，只留下褒姒一人做了俘虏。至此，西周宣告灭亡。

犬戎攻破镐京，杀死周幽王退兵后，申侯、鲁侯、许文公等共立原来的太子宜臼为天子，在申国即位，就是周平王。因镐京遭到了战争的严重破坏，而周朝西边的大多数土地都被犬戎所占领，周平王害怕镐京再次遭受攻击，便于公元前 770 年在秦的护送下迁都到洛邑，在郑、晋的辅助下立国，此时的周王室已式微力衰，周王名义上是天子，实际上却要看诸侯的脸色行事。东迁后的周朝，历史上称为东周。

淫纵不检——卫宣公

卫宣公名晋，是卫国的第十五代国君。大臣石碏杀了弑兄篡位的公子州吁，同时大义灭亲地杀了自己助纣为虐的亲生儿子石厚，扶立卫庄公的第三个儿子公子晋即位，是为卫宣公。

卫宣公是个好色之徒，行事荒唐，生活糜烂。即位之前，就跟自己的庶母夷姜关系暧昧，夷姜还为他生下了一个儿子，取名急子。由于当时自己的父亲卫桓公还在世，便偷偷地把急子送到民间养大。后来卫宣公即位后，便娶了夷姜做夫人，册立急子为太子，并且派右公子职负责教导和辅佐他。

古代齐国模型

随着急子年龄的增长，到了娶亲的年龄，在他十六岁那年，卫宣公为他向齐国国君求亲，齐僖公决定把自己的大女儿宣姜嫁给急子。但是使者从齐国带回来的消息使一切都发生了变化，从使者口中，卫宣公得知宣姜是一个绝色美人，于是他改变了主意，他决定自己迎娶宣姜。他借口为急子娶亲命人在淇河的河畔修建了一座华丽恢宏的新台。

到了婚期临近的时候，卫宣公故意让急子出使宋国，急子十分听话，立刻前往宋国。急子一走，卫宣公立即派人到齐国把宣姜接了过来。宣姜到了新台后，与身穿新郎服饰的卫宣公当场结为夫妻，直到被送入洞房，她才知道自己嫁的人是卫宣公。

等到急子从宋国出使归来，见到父亲新娶的妾室，知道是自己先前聘过的媳妇——齐国公主宣姜，他仍然彬彬有礼地相待，竟然没有丝毫怨恨父亲的意思！

卫宣公在新台一住就是三年，他沉迷于宣姜的美色之中，早就把年老色衰的夷姜忘到一边去了。三年之中，宣姜为卫宣公生了两个儿子，大儿子叫寿，二儿子叫朔。卫宣公宠爱宣姜，把往日里对急子的那份宠爱全部转移到了寿和朔的身上。

偏听谗言

卫宣公非常宠爱宣姜所生的两个儿子寿和朔，他信誓旦旦地答应宣姜要立寿、朔二子中的一人为世子。寿是一个十分仁厚的人，对卫宣公谦恭孝敬，对兄长急子视如一母所出。正是因为这样，他和急子便成了一对好兄弟。而小儿子朔却因为从小备受溺爱，尽管他年龄最小，为人却非常自私残暴，经常要阴谋诡计，时常想除掉两位兄长，以便自己可以顺利即位。他暗地里一直蓄养着死士，随时准备动手除掉急子和寿。由于卫宣公十分疼爱公子寿，朔自然无法下手，他想先除掉急子再说。

朔怂恿宣姜说："母亲，父亲现在对我们是很好，可眼下做太子的毕竟是急子啊！将来父亲老死之后，他就是国君，那还能有我们的好日子过吗？尤其是那个夷姜，母以子贵，她就是当朝太后，我们不是更没有出头之日了吗？"

宣姜听朔这么一说，也觉得心里不安。本来她先前就是聘给了急子，后来因为卫宣公强纳，她便也顺从了，可是每次一见到急子的时候，心中也确实别扭。于是便与朔一起经常向卫宣公说急子的坏话。卫宣公自从娶了宣姜之后，也觉得与急子相处得十分别扭。不管怎么说，儿子也算是自己的情敌了，虽然急子孝敬，嘴上不说什么，可难保他心里不记恨自己。因此他也将急子视为眼中钉肉中刺，恨不得除之而后快。

宣姜画像

这天，是急子的生日，他与寿和朔一起饮酒庆祝。急子和寿兄弟话语投机，情深意长，在席间越聊越开心，朔却被冷落在一旁。朔见二位哥哥没人理会自己，心里很恼火，便故意推说自己身体不适，从席上走掉了。来到了母亲宣姜的住处，哭哭啼啼地诬蔑急子欺侮自己。

宣姜问他怎么回事，他说："急子欺负孩儿年幼，竟然在席间称呼我为孩子，我好意给他敬酒，他居然万分轻狂，说：'你母亲本来就是我的妻子，我就是叫你一声孩子又能怎么样！'"

宣姜一听，恼羞成怒，跑到卫宣公那里，跟他哭诉了一遍，又添油加醋地说："急子跟朔说：'我母亲夷姜，本来也是我父亲的庶母。你母亲恰巧又是我的原配妻子，等我做上了国君，再把你母亲要回来，不正好就都一样了吗？'"

卫宣公听后勃然大怒，命令内侍传谕，将夷姜叫到了跟前，责怪他教子不严，并狠狠地将她痛骂了一顿！

夷姜自从嫁给了卫宣公之后，备受宠爱，后因宣公纳了儿媳宣姜，从此被冷落在一旁。本来就已心如死灰，却又怎么受得了卫宣公这番呵斥！想想活得也是无可无奈，一气之下便上吊自尽了。

昏庸杀子

夷姜死了以后，急子万分悲痛，虽然心里怨恨父亲，却又不敢当面埋怨，只是经常暗中流泪。谁知宣姜和朔又趁机屡进谗言，说急子因母亲死得不明不白，恨父亲恨得咬牙切齿，经常在暗中说早晚要给他母亲报仇等等。

卫宣公对急子这个儿子，还是十分了解的，非常不相信宣姜母子二人的话，但无奈母子二人死缠烂打，一定要卫宣公杀了急子，才能扫除心头之患。卫宣公最后无法，只好答应找机会杀了急子。

出土的齐国文物

正在这个时候，齐僖公派人送信过来，说要征讨纪国，请卫国出兵相助。卫宣公和宣姜商量，假装和齐国协商出兵的时间，派太子作为卫国的代表前往齐国。然后在途中派出杀手，化妆成强盗，杀了急子。因当时太子出使别国，是最高规格的外交事务，所以要在仪仗中要有白旄。所以，这便成了杀手的追踪目标。

没想到这件事情让寿知道了，他急忙跑去告诉了急子，急子知道后，说："君让臣死，臣不得不死，父让子亡，子不得不亡。就算是死，我也认了。"于是，毅然决定应命前往。公子寿很无奈，不过他的心中已经做好了替急子去死的决定。急子临行前，寿准备了一顿美酒佳肴为急子送行。

寿故意把急子灌醉，给急子留书一封，然后拿着急子的白旄，前往齐国。急子不久酒醒，不见寿，只看见一封信，拆开一看，只有八个字："弟已代行，兄宜速避。"急子大惊失色，立刻催舟追赶，半路看见一艘船上插着白旄，船中一帮杀手。急子假装问道："国君吩咐的事了结了吗？"

众杀手以为是国君派来接应的，便说："已经了结了，东西在此。”急子一看，是寿的头颅，便仰天大哭说：“天啊，我才是真正的急子，这是我的弟弟寿，他有什么罪要被杀死，快点杀了我吧。”众杀手这才知道是误杀，于是将急子杀死，回去向卫宣公复命去了。

卫宣公的杀子计划十分荒谬，本来想杀急子，没想到却让自己心爱的儿子寿也送了命，不过这对于朔来说，却是个一箭双雕的好事，因为从今往后，已经没有人是他继位的挡路石了。

卫宣公忽闻爱子寿也同时被害，从此抑郁成疾，没多久就过世了。公子朔顺利地登上了国君之位，是为卫惠公。

出土的齐国文物

逆行王道——晋灵公

晋灵公是晋襄公的儿子，即位的时候，他年龄还小，却已经沉迷声色之中了。长大后，宠信奸臣屠岸贾，任意妄为，荒淫奢侈，压迫欺凌百姓，致使民不聊生。

滥杀无辜

晋灵公荒淫无道，对百姓重征赋税来满足个人的奢侈生活。他喜欢从高台上用弹弓射击行人，看他们躲避弹丸的样子，逗得他大笑不止。晋灵公残暴不仁，妄杀人命，有一次因为厨师没有把熊掌炖烂，他就把厨师给杀了，放在筐里，让宫女抬下去。

赵盾和士季看见了露出筐外的人手，便询问厨师被杀的原因，并为晋灵公的暴虐而感到忧虑。他们打算规劝晋灵公，士季说："如果您直接去进谏而国君不听，那就没有人能再去进谏了。让我先去规劝，他不接受，您再接着去劝。"

士季先去见晋灵公，晋灵公猜测他是为厨师被杀一事而来，便假装没有看见他。直到士季往前走了三次，到了屋檐下，晋灵公才抬头看他，并且淡淡地说："我已经知道自己所犯的过错了，打算从今后改正。"

士季叩头回答说:“人不是圣贤,谁能不犯错误呢,犯了错误能够改正,没有比这更好的事了。您如能始终坚持向善,那么国家就有了保障,而不只是臣子有了依靠。国君能够弥补过失,君位就不会失去了。”晋灵公表面上点头答应。

谋杀赵盾

晋灵公骄奢淫逸,毫无君主威仪。赵盾又多次进行劝谏,晋灵公非但没有改正。反而感到十分厌烦,在奸臣屠岸贾的怂恿下,晋灵公便想杀了赵盾。第一次,他派了一个杀手去刺杀赵盾。这个杀手一大早就去了赵盾的家,只见卧室的门开着,赵盾穿戴好盛装礼服准备上朝,因为时间还早,他就坐着打个盹儿。

杀手一见,退了出来,感叹地说:“真是个忠义之人,这个时候仍然以国事为重,真是百姓的靠山啊。杀害百姓的靠山,这是不义;背弃国君的命令,这是不忠。这两条当中占了一条,那还不如去死呢!”于是,这个杀手便一头撞在槐树上死了。

第二次的刺杀是在一年的秋天,晋灵公假装请赵盾喝酒,事先在周围埋伏下武士,准备杀掉赵盾。赵盾的车右提弥明发现了这个阴谋,赶忙走上殿堂,说:“当臣子的陪君王宴饮,酒过三巡还不告退,这太不合乎礼仪了。”

于是他扶起赵盾走下殿堂。晋灵公放出恶狗来咬赵盾,武士们也上前围攻两人。提弥明徒手上前搏斗,打死了恶狗。他们两人与埋伏的武士边打边退。提弥明奋力护主,力竭而亡。幸亏晋灵公的卫士中有一个叫灵辄的人,拼力相救,赵盾才保全了性命。

原来,两年前,赵盾到首阳山打猎,看见有个人饿倒在地上,起不来了。赵盾便停下来，一点一点地喂给他东西吃，他才有了点力气，赵盾问他："你怎么饿成这个样子？"那个人说："我已经三天没吃东西了，因为羞于向人乞讨，也不愿去偷人家的食物，所以才饿成这个样子。"赵盾又给他两块干肉，他拜了拜，接受了，但是却不肯吃。

赵盾问这是什么缘故，他说："我家中有老母，请让我把留下的食物留给她。"赵盾让他把食物吃完，另外给他准备了一些饭和肉，并赠了他一百枚钱。这个人就是灵辄。他后来做了晋灵公的武士，在刺杀赵盾的混战中他把武器反过来抵挡晋灵公手下的人，使赵盾最终得以脱离险境。

晋灵公为了个人享乐，派屠岸贾给他建造九层的高台。他怕有人阻止，就下了一道命令说："不准任何人进宫劝谏，违者杀无赦。"大臣荀息知道后，便来求见晋灵公。晋灵公为了防止荀息劝谏，命令武士张弓搭箭，只要荀息一劝谏，就立即射死他。

荀息见了这种架势，仍不慌不忙地说："臣今天来拜见大王，只是想表演一个小技艺给大王看看。并不敢劝谏什么。"晋灵公这才放下了心，问道："你表演什么小技艺呀？"荀息说："我能把十二个棋子堆起来，再把九个鸡蛋放上去而不会倒塌。"晋灵

晋灵公像

公听后非常感兴趣，立即让武士放下弓箭，让荀息表演给他看。

荀息很认真地把棋子堆起来，再把鸡蛋一个个加上去，晋灵公在一旁建立，不由得叫起来：“危险！”

荀息说：“这有什么危险的，还有比这更危险的呢。”灵公说：“你说来听听。”荀息说：“建造九层高台，劳民伤财，邻近的国家都想趁机侵略我国，国家危在旦夕，这难道不危险吗？”听了这一番话后，晋灵公醒悟过来，于是便立即降旨，不再修高台了。

晋灵公很喜欢狗，在京城专门修筑了狗圈，还给狗穿上漂亮的刺绣衣服。晋灵公的宠臣屠岸贾看见晋灵公喜欢狗，就经常夸赞晋灵公养的狗来谄媚逢迎灵公，这样晋灵公就更加喜欢狗了，并且让屠岸贾帮自己养这些狗。

一天深夜，一只狐狸溜进了绛宫，惊吓到了灵公的宠妃襄夫人，襄夫人向灵公哭诉，灵公就让自己的狗去追捕狐狸，结果狗失败了。屠岸贾便命令看护山林的人把捕获到的另外一只狐狸捉来献给灵公，说：“狗其实捕到了狐狸。”晋灵公高兴极了，把平时招待大夫们吃的肉食拿来喂给狗，并且通令全国说：“有谁敢冒犯我的狗，我就砍掉他的脚。”

于是，百姓都开始害怕狗了。狗可以随便进入市场，抢夺羊、猪来吃，没有人敢出来阻拦，百姓怨声载道。狗在市场上吃饱了还将猪、羊全都拖送到屠岸贾的家里，由此屠岸贾获取了不少利益。如果朝中有人敢不顺着屠岸贾说话的，狗就会一起咬他。赵盾想要向灵公进谏，狗也把他拦在门外，不让他进宫。

过了些天，狗闯进了御苑偷吃了晋灵公的羊，屠岸贾欺骗灵公说：“这是赵盾的狗偷吃的。”晋灵公大怒，派人去杀赵盾，赵盾逃往秦国。后来晋灵公被杀后，晋灵公的狗在京城四处逃散，百姓把它们全部捕获并杀了吃了。

赵穿是赵盾同父异母的弟弟，也是晋灵公的姐夫，他知道晋灵公谋杀赵盾的事情后，十分气愤。他心中暗自筹划着。不久，他去见晋灵公，说赵盾得罪了国君，我家人都有罪过，请求晋灵公免去他的官职。晋灵公马上安慰他说：“有罪的是赵盾，你只要和他划清了界限，站稳了立场，就绝不牵涉你。”

赵穿趁机跟灵公表明了心志，更趁势讨好灵公说做君主的就应该尽情享乐，国家的政事全交给大臣来处理就行了，更不必去理会大臣的劝谏。君主现在年轻有为，何不广选美女入宫伺候？这话正中晋灵公的心坎，他马上命令亲信屠岸贾到全国各地去广选美女。

赵穿成功支走了屠岸贾，又出主意说：“桃园风景秀美，是个游玩的好地方，但是那里的防卫很差，为防意外，应该在君主游玩时，加强那里的守卫，赵穿主动从自己手下挑选出二百名士兵供灵公差遣。晋灵公非常满意，大力夸赞了赵穿的忠诚。

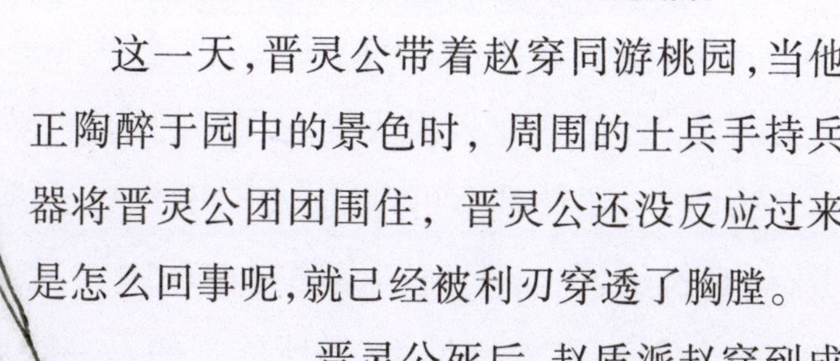

晋灵公像

这一天，晋灵公带着赵穿同游桃园，当他正陶醉于园中的景色时，周围的士兵手持兵器将晋灵公团团围住，晋灵公还没反应过来是怎么回事呢，就已经被利刃穿透了胸膛。

晋灵公死后，赵盾派赵穿到成周去迎接晋国公子黑臀，把他立为国君。十月初三，公子黑臀去朝拜了武公庙，是为晋成公。

在平常人看来，暴君的言行举止都有些异乎寻常，按正常人来说是匪夷所思的。比如，晋灵公弹射路人、杀厨子游尸的举动，仅仅用一般的残暴、狠是难以说明的，恐怕总有些变态心理，或者歇斯底里症一类的精神病，才能解释他的怪癖行径。如果真是这样，除了治病、关进疯人院之外，没有任何办法让他改邪归正，或者像赵穿那样，将其杀掉，以免危害更多的人。

中国传统政治制度致命的痼疾就在于，无论所谓的“天子”多么愚笨、痴呆，无论多么残暴、缺德，无论多么变态。病入膏肓，都是“神圣”的，不可冒犯的，不可弹劾讨伐的，否则，便会犯下各种“罪行”：欺君，亵渎，犯上作乱，直至弑君。而且，这些罪行都是弥天大罪，不可赦免，甚至可以诛灭九族。

虽然有此痼疾，但让人感叹不已的是，无论在哪个时代，只要有昏惰残暴的暴政。苛政存在，就有敢于诤言直谏的义士出现，并有敢于弑君的勇士出现，前者如赵盾，后者如赵穿。他们明知自己的行为将要以自己的生命为代价，甚至还包括以自己亲人的生命为代价，依然大义凛然，慷慨陈词，视死如归。

其实，敢于直谏、敢于弑暴君，已远不止是一种一时冲动的个人行为，它是一种非常清醒的理智的选择，是不得不如此的抉择。有时，明知暴君不可理喻，有时明知自己的行动无异于以卵击石，自投罗网，如荆轲刺秦临行前所唱：“风萧萧兮易水寒，壮士一去兮不复还。”但是，它们所体现的是一种精神，是一种具有普遍意义的永恒的正义，即决不向残暴专制、黑暗腐朽屈膝让步的决心。

好士细腰——楚灵王

楚灵王是楚共王的次子，杀了侄子楚郏敖自立为君，他贪婪暴虐、阴险狡诈、野心勃勃。做了大王后，对内大兴土木，穷奢极欲；对外穷兵黩武，发动侵略战争，灭了陈、蔡两国，致使楚国国力空虚，人民备受荼毒，百姓怨声载道。当楚灵王弟弟公子弃疾起兵讨伐他时，楚国举国上下一片响应，很快就推翻了楚灵王的统治。楚灵王在逃亡途中，跟随的人相继离去，只剩得孤身一人，最后自缢而死，下场悲凉。

骄纵埋祸根

楚灵王即位的第三年召开诸侯大会，他派使者到各国，请他们来楚国的申地会合。可是，楚灵王却并没有利用好这次会盟的机会，鲁国和卫国没来参加，宋国更是只派了一个代表。这使灵王很不痛快，尤其对于晋国没有参加，更使灵王愤怒不已。

大臣伍举对灵王说："这种情况绝对不是一个好兆头，我们一方面应该对到会的各国以礼相待，同时也要展示我们的国力，使诸侯心有畏惧，然后再去讨伐那些没有到会的诸侯。"

楚灵王完全没有把他的话放在心上。他在这次的会盟中，处处都表示出骄纵的习气。当场侮辱别国派来的使臣，还杀死了一些无辜的下属，并且对到来的各国君王毫无礼貌可言，这就为他自己埋下了失败的伏笔。

楚灵王喜欢有纤细腰身的人，“楚王好细腰，宫中多饿死”，就是指他。正是由于他的这种特殊喜好，朝中的文武百官便纷纷唯恐自己腰肥体胖，而不敢多吃饭，把一日三餐减为一日一餐。因此，饿得头晕眼花，站都站不稳。每天上朝之前，先深提一口气把腰带勒紧，然后扶着墙壁站起来。

就这样，为了得到楚灵王的宠信，朝中的那一班大臣，绞尽了脑汁地让自己的腰变细。虽然大家表面上没有多说什么，但心里却一直暗暗叫苦。

大臣就这样迷迷糊糊地过了一年，身体变得越来越虚弱，脸色全都变得蜡黄。

后宫之中的女人为了争宠，也都节食细腰，为此饿死了很多的人。

楚灵王为了赢得好名声，俘虏了曾经参与弑杀齐庄公的原齐国令尹庆封，杀了他的全家，并且将庆封拉到街上示众。楚灵王向着公众宣布说：“庆封犯上作乱，大家都不要学他的样子。他杀死了自己的国君，欺压老百姓，还逼迫大夫支持他。”

庆封冷笑一声，反唇相讥道：“大家也不要学楚共王的儿子公子围那样。杀死了自己的国君，那国君便是自己亲哥哥的儿子。还要强行让诸侯支持他。”公子围便是楚灵王，庆封这一句话是说楚灵王与自己是一样的人，楚灵王听后当即面红耳赤。满街的人见了全都掩口而笑。楚灵王恼羞成怒，传令将庆封处斩。

楚灵王为了维持霸主国的权威。四处兴兵讨伐，与各诸侯国之间战争不断。他借平定陈国内乱为名，虽然杀了几个导致陈国内乱的大夫，却也趁机灭掉了陈国。又诱杀了蔡灵侯，他不顾诸侯的劝解，攻灭了蔡国，甚至把蔡国的世子杀了祭神。吴国起兵来攻楚，楚灵王为报复又去伐吴，却失败了。

他为了掩盖失败，下令修建宫室，造起了一座豪华的大宫殿，取名为“章华宫”，中建高台，台高三十仞，叫做“章华台”，又在台周围修建了大量的亭台楼榭，极其精美。建好高台后，灵王又派使臣去诸侯国召集诸侯，来庆贺宫殿落成，并从此住在章华宫中花天酒地地享乐起来。楚灵王就这样为所欲为，连年的战争耗尽了国库中多年的积累，失去了百姓的民心。

传说楚灵王喜欢打猎，一日在郊外打猎时，偶然遇到了一位小家碧玉的小姐——长秋，好色的楚灵王对长秋一见钟情。长秋知书识礼，不愿意嫁给楚灵王，和众多女人分享一夫。楚灵王便在他们偶遇的地方，派人修建了一座庄园，取名长秋庄，希望可以和长秋长相厮守，共享平凡夫妻的生活，为长秋的住所取名梦苑。

楚灵王像

长秋深深地被楚灵王打动了，爱上了楚灵王。可是没过多久,楚灵王便对贤惠的长秋失去了兴趣,认为他不够妩媚,长秋失宠了,楚灵王不再迷恋梦苑,始终也没有正式地娶长秋。不久长秋郁郁而逝,楚灵王悲痛万分,把梦苑改名为遗梦苑,意指佳人已去,空留梦想。

昏庸丢王位

楚灵王在乾溪待着,每天只是吃喝玩乐,这样便完全把自己国家的大事抛在脑后了。蔡公弃疾等人趁楚灵王不在宫中,杀掉了楚灵王的儿子太子禄和公子罢敌，立公子比为王；同时还派人到乾溪去,向跟在楚灵王身边的楚国官兵说：“你们的国家已经换了新的国王,你们要回去的话可以继续留任原来的官位,你们所拥有的土地也可以归还你们；如果你们不回去投靠新王,继续跟着这个昏君。那么你们被抓住以后,就要被杀头并且夷灭三族。”

楚灵王的军队本来便非常不满楚灵王平常的作为，听了这话之后,一下子作鸟兽散,只剩下楚灵王一个人在乾溪。楚灵王孤独极了,一个人在山野里游荡,走得饿了,就想下山去要点吃的。他遇上了一个熟人,就主动热情地和他打招呼,说:“我都三天三夜没有吃东西了,请给我一点儿吃的吧。”那个人拒绝说:“我们的新国王已经下达了命令，谁要是送你吃的，就会被杀头。”

楚灵王又气又饿又累,一下倒在了地下,正好压在了那个人的腿上,昏了过去。那人抽出了自己的腿,边走嘴里还边说:“你这个罪大恶极的家伙,想不到也有今天啊。”

楚灵王后来又遇到了大夫申无宇之子申亥。申无宇曾经出于正直得罪过他，但他并没有报复申无宇，所以申无宇临终之时叮嘱申亥一定要报答楚灵王的恩情。

申亥把楚灵王请到家中，拿出饭来给他吃，还让两个亲生女儿给他侍寝。但灵王已经没有这个心思了，衣不解带，一直哭。半夜里，哭声突然没了。申亥的女儿向父亲报信说，楚灵王已经自缢而死。

申亥竟然杀了自己的两个亲生女儿为楚灵王殉葬。

举国上下的人并不知道楚灵王已死。蔡公弃疾听从手下的计谋，谎称灵王杀回来了，吓得公子比和公子黑肱自杀而死，于是他自己登上了王位，成为楚平王。

楚平王一直不停地派人搜寻楚灵王的下落。为了稳定人心，楚平王在楚灵王落难的地方附近找了具无名死尸穿上楚灵王的衣冠，假称找到了楚灵王的尸体。

三年后，楚平王确定楚灵王已死，再次访求灵王的尸体，申亥出头，楚灵王的尸体这才被找到并以国王的大礼重新安葬。

楚灵王像

残害手足——秦二世

秦二世，名胡亥，是秦始皇的第十八个儿子，师从赵高学习法律。秦始皇在东巡途中病死，赵高和李斯密谋帮助胡亥登基为帝，逼死本应即位的公子扶苏。秦二世即位后，任由赵高掌握了实权，实行残暴的统治，后被赵高逼迫自杀。

秦始皇外出巡游，途中生了重病，就写了一封盖有御印的信给公子扶苏，让他回咸阳来主办丧事，这也算是确立了扶苏继承人的身份。信写好后放在了中车府令赵高那里。然而，赵高知道秦始皇要将皇位传给扶苏，便把信扣了下来。不久，秦始皇在沙丘平台逝世。丞相李斯认为皇帝在外地逝世，恐怕皇子和各地会乘机制造变故，就秘不发丧，只有胡亥、赵高等几个身边的人知道始皇死了。

赵高一向与公子扶苏不合，害怕他即位后自己会没有立足之地，便说服了胡亥和丞相李斯，密谋发动政变。谎称李斯在沙丘接受了始皇遗照，立皇子胡亥为太子。又写了一封信给公子扶苏、蒙恬，列举了他们的罪状，将他们赐死。

当时正是夏天，秦始皇的尸体在车中发出了臭味，赵高等人就下令随从官员让他们往车里装满了又腥又臭的腌鱼，来掩盖尸臭味。回到咸阳之后，才发布始皇驾崩的消息。胡亥继承皇位，就是二世皇帝。

残害手足

胡亥在登上帝位之前，就和赵高、李斯一起伪造了诏书送到扶苏和蒙恬处，勒令扶苏与蒙恬两人自尽。扶苏接了诏书，流着泪想要自刎，蒙恬心生疑惑，扶苏却说："父皇让我死，有什么可疑惑的呢？"说完含泪自尽。蒙恬不肯就死，使者就将他投入监狱里。

胡亥做上皇帝后，为了巩固自己的皇位，对其他的兄弟姐妹更是残酷暴虐，毫无人性。胡亥一次就将自己的十二个兄弟一同处死。隔了不久又将六个兄弟和十个姐妹碾死，刑场血肉横飞。

公子将闾等三人为人行事稳重低调，胡亥实在找不出什么理由，就说他们有不臣之心，派人逼他们自尽，将闾他们对使者说："宫廷中的礼仪制度，我们都循规蹈矩，不敢逾越，朝廷的规章诏令，我们也没有违背，全都唯命是从，我们为国家百姓办事，更是没有一点过失，为什么说我们有不臣之心，让我们

秦二世像

自尽？”

使者回答说：“我只是奉命行事，至于你们为什么被定罪处死，这个我不清楚。”将闾三人仰天大哭，说：“我等无罪。”最后挥剑自刎。

胡亥还有一个兄弟是公子高，他眼看着兄弟姐妹一个接着一个地被胡亥迫害致死，唯恐自己也难逃厄运。斟酌之后，决定用自己的一死来保全自己的家人。他上书给胡亥，说想为父亲殉葬。胡亥很高兴，赐给他十万钱。公子高算是胡亥的兄弟中死的名声最好的一位了。

迫害大臣

胡亥除了屠杀自己的兄弟姐妹，对很多不服从自己的文武大臣也同样不放过。他首先迫害的就是蒙恬兄弟俩。刚开始的时候，胡亥还想任用他们两兄弟，但是赵高害怕他们对自己造成威胁，便向胡亥诬陷说：“秦始皇原本曾想立胡亥为太子，但是蒙恬的弟弟蒙毅极力阻止，所以秦始皇才打消了立他做太子的想法。胡亥深以为信，不但没有释放蒙恬，还将蒙毅也逮捕入狱。后来，胡亥派使者逼蒙毅自尽，然后又派人去逼蒙恬服毒。

对其他曾经拥立公子扶苏的大臣，胡亥也大开杀戒。右丞相冯去疾和将军冯劫为了免遭羞辱而死，选择了自尽。在杀死大臣的同时，赵高将自己的亲信一个一个地安插进了朝廷，而且都身居要职。一时间，朝廷的要职中遍布了赵高的党羽。而胡亥只知道吃喝玩乐，对赵高的这些阴谋丝毫没有察觉。

胡亥即位的第二年，就效仿自己的父亲始皇帝，也巡游天下。在巡游途中，赵高不怀好意地对胡亥说：“陛下这次巡游天下，应该借机树立自己的威信，把那些不服从自己的官吏杀掉，这样您才能树立至高无上的权威。”胡亥对赵高的话言听计从，不分青红皂白地诛杀了很多大臣，大臣个个惶恐不安，唯恐哪天自己也会惨遭横祸。赵高利用胡亥对自己的信任，不停地扩充着自己的权势范围。

有一天，胡亥对赵高说：“人的一生犹如白驹过隙，既然做了皇帝，就应该尽情地享乐，你认为呢？”这话正合赵高的心意，从此更加放心大胆地掌控朝政了。

秦二世墓

赵高掌权的最大一个障碍，就是丞相李斯。赵高先设计让胡亥对李斯不满，然后又找机会向胡亥诬陷了李斯三个罪名：一是李斯参与拥立胡亥即位，但是野心变大，想和胡亥分疆裂土。二是李斯的儿子没有积极地镇压治下的农民起义，怀疑有私心。三是李斯的权利过大，超过了皇帝。

胡亥听了赵高的话，将李斯逮捕，交给赵高负责审理。这正中了赵高的下怀，他利用这个难得的机会，对李斯用尽了酷刑，逼迫李斯认罪。李斯实在无法忍受酷刑的折磨，屈打成招。赵高拿着李斯的供词上交了胡亥。最后，李斯被处以极刑，李斯的一家也同时被害。就这样，赵高扫除了夺取权力的最大障碍，自己做上了丞相的位子。

胡亥在位时，不断地增加百姓的赋税负担，还大量征发全国的农夫修造阿房宫和骊山墓地，百姓的生活苦不堪言，生命朝不保夕，最终爆发了陈胜吴广起义。

对于全国各地爆发的如火如荼的农民起义，胡亥根本不相信，因为赵高一直都跟他说天下太平，百姓安定，他一直都对赵高的话深信不疑。

在一次朝臣讨论是不是发兵平定叛乱时，胡亥竟然不认为有反叛的事，叔孙通善于察言观色，便顺着胡亥说："他们说天下有反叛根本就是不可能的，先皇早已拆毁了城墙，熔毁了天下的兵器，现在有您这样的明主，又有严明的律法，国家安定，百姓富足，还有谁会造反呢？陈胜吴广之辈，不过就是几个盗贼而已，现在地方官府正在全力追剿，陛下尽管放心。"胡亥听了，十分欢喜，夸奖了叔孙通。对那些说天下有反叛的大臣都进行了惩处。

随着赵高权势的扩大，他的野心也极具膨胀，为了达到自己彻底专权的目的，赵高劝谏胡亥，说皇帝现在还年轻，经验不足，应该少和朝臣见面，以免在朝臣面前暴露出自己的弱点。深居宫中也同样可以听取汇报，有他们来辅佐皇帝，国家会治理得更好。

胡亥一听很有道理，而且不用自己去处理政事，他正求之不得呢，从此，他只待在深宫之中享乐，朝廷中的大小事务全都由赵高一个人来执行。

宫殿外战火纷飞，宫殿内笙歌艳舞，陈胜吴广的军队逼近了都城咸阳，胡亥才了解到天下的真实情况。同时也醒悟过来，原来赵高说的天下太平全是谎言。胡亥言谈之中对赵高非常不满，并且派人去谴责了赵高。

赵高原本就有篡位之心，这下更是打算提前动手，便跟他的女婿阎乐和弟弟赵成暗中商量打算杀秦二世胡亥，立扶苏的儿子公子婴为天子。于是派阎乐带兵闯入秦二世的宫中，历数了胡亥的罪状，胡亥说："我可以见丞相吗？"

阎乐说："不行。"

胡亥说："我退位让贤，希望能当一个王。"阎乐不答应。

胡亥又说："万户侯总可以了吧。"阎乐还是不答应。胡亥又说："那我就做个普通百姓，只求可以保全性命。"

阎乐说："我奉丞相之命，替天下死在你手里的冤魂来诛杀你，你无论说什么，都无济于事。"

于是，他让士兵上前，胡亥请求死的有尊严一点，允许他自尽，阎乐答应了，胡亥挥剑自刎，仅仅当了三年的皇帝。

指鹿为马图

逆臣贼子——王莽

王莽，是西汉外戚王氏家族的重要成员。西汉末年，社会矛盾极具激化，王莽被朝野视为挽救朝廷危难的最佳人选。公元 8 年，他建立了中国历史上短暂的新朝，史称“王莽改制”。王莽统治的末期，天下大乱，各地频频爆发起义，最后王莽死于战乱之中。

王氏家族是当时权倾朝野的大家士族，王家先后有九人封侯，五人担任大司马，可以说王家是西汉一代中最显赫的家族。王莽是西汉孝元皇后王政君的侄子，幼年坎坷，父兄相继去世，由叔父们抚养成人。青年时期，王莽谦虚好学，对内恭谨的侍奉叔伯长辈，对外结交贤士，生活清廉简朴，很快便声名远播，声望甚至超越了他那些地位显赫的叔伯兄弟。

他的叔父王商上书表示愿意把封地的一部分让给王莽，当时朝中的很多人都为王莽说好话，汉成帝也认为王莽很贤能，便册封他为新都侯。

当时的大司马王根因病准备退休，大家都认为王莽的表兄、王太后的外甥淳于长会继任大司马的职位，因淳于长善于阿谀奉承，为汉成帝的皇后赵飞燕出过力，所以深受汉成帝的信任，很快就升为卫尉，年纪轻轻就已经位列九卿了。

王莽的名望也很高，只不过此时稍逊色于淳于长，为了扳倒他仕途上的竞争对手，王莽暗中潜入搜集淳于长的罪行，然后利用探病的机会告诉了王根，说淳于长暗中为接替大司马的职位已经做好了准备，还给不少人许愿封官了，同时还说淳于长与废后许氏暗中勾结。王根很生气，赶紧报告给了王太后，王太后让成帝罢免了淳于长，逮捕入狱，查清罪行后，在狱中直接赐死了。

王莽如愿以偿地当上了大司马，他执政后，生活朴素简约。有一次，朝中官员来探望他的母亲时，看见王莽的夫人穿着十分简陋，还以为是他家的奴仆。

王莽执政的第二年，汉成帝去世，汉哀帝继位，他的祖母傅太后与丁皇后的外戚得势，王莽只得辞职隐居在封地。并且在隐居其间，一直为官吏和百姓做好事，很多官吏和百姓都要求王莽复出，汉哀帝只好重新召回王莽回京，但是没有恢复他的官职。

野心勃勃

汉哀帝继位仅仅七年就去世了，王太后听说皇帝驾崩，就收回了传国玉玺。同时下诏，要求朝中大臣推荐大司马人选，大臣纷纷举荐王莽，王太后诏命王莽担任大

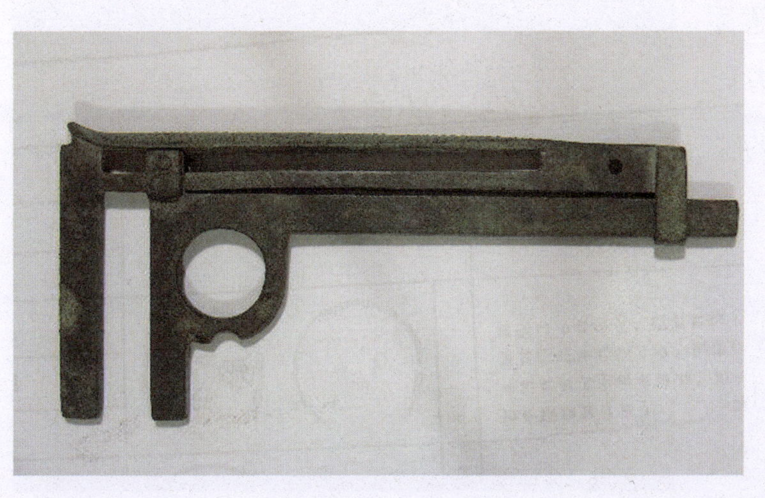

王莽时期卡尺

司马。王莽为了可以掌控朝政,不肯立年长者为君,拥立了九岁的汉平帝登基。由王莽代理朝政,得到了朝野的拥戴。

王莽的政治野心逐渐暴露,他开始打击排斥异己,先是逼迫王太后赶走了自己的叔父王立,然后提拔了依附和顺从他的官员,把那些触犯他和怨恨他的人全部都杀了。王莽还主动巴结当时著名的儒学之士大司徒孔光,孔光是三朝元老,深受王太后和满朝文武的敬重,不过孔光为人行事谨慎,过于胆小。

王莽先是推荐他的女婿担任了侍中一职,然后又以王太后的名义让孔光为自己营造声势。利用孔光上奏的影响力充当自己排斥异己的工具。他先后以不同的罪名陆续罢免了很多反对他的人。王莽还逐渐地培植了自己的党羽。他的党羽向王太后建议,应该给王莽奖励,王莽便在假意推辞了几次之后接受了“安汉公”的称号。

王莽时期货币

为了获取民心，王莽捐献了很多钱和土地给百姓，每逢地方遭遇天灾，王莽就只吃素食。有一年，全国大旱，引发了蝗灾，百姓流离失所，王莽带头捐献了土地，并减免了灾区的租税，灾民得到了抚恤。王莽的党羽借机上表称颂王莽的功德可与古代的圣贤相比。

王莽担心汉平帝的母亲外戚卫氏家族会分化他的权力，于是将卫氏一族封到中山国，禁止他们回到京城。王莽的长子王宇害怕平帝长大后会报复，因此极力反对此事，但是王莽不听劝告，王宇想用迷信的方法让王莽改变主意，将权力交给卫氏，但是在执行计划时，被王莽发觉了，王莽一气之下，将儿子王宇抓起来逼迫他自尽了。然后，又借着这个机会诬陷并诛杀了卫氏一族，又借机铲除了地方上反对自己的武装势力，逼杀了敬武公主及梁王刘立等政敌。

因此事被牵连杀害的不计其数，内外震动，王莽令人将此事宣传为“大义灭亲，为国尽忠”的豪举，甚至将此事写成了歌功颂德的文章，分发到各地，让天下人阅读背诵这些文章。

后来，王莽让平帝给自己加号宰横，位在诸侯王公之上。王莽奏请为学者建造了一万套住宅，网罗天下学者和有特殊本领的人来长安，得到了儒生的热烈拥戴。朝廷上下一致请求加赏王莽，于是朝廷赐予了王莽至高无上的待遇，授九锡。九锡代表了九种礼器，是最高的礼遇，这些礼器通常是天子才可以使用的。

接着，王莽为了制造太平盛世的景象，派使者到各地考察，回朝后大加称赞天下太平，王莽功德无量，然后又收买了匈奴，让他们来汉朝遣使归顺，王莽完全把自己打造成了一个从古至今绝无仅有的超级大圣人。

篡汉建新

公元6年,汉平帝病死。王莽为了避免年长的皇帝登基,拥立年仅两岁的刘婴为皇太子,太后王政君命王莽暂代天子处理朝政,称"假皇帝"或"摄皇帝"。

王莽在朝中的权势,引起了刘姓宗室的强烈反对。各地频频爆发刘氏宗亲的叛乱,王莽十分恐惧,赶紧调动大军镇压,消灭了叛乱的军队。

等到王莽扫清了这些障碍,各地频繁地出现了各种祥瑞符命,王莽的党羽中开始有人趁机劝王莽登基自立为帝。公元8年,王莽逼迫王政君交出传国玉玺,接受刘婴禅让后登基称帝,改国号为"新"。

王莽登基以后,为了收获民心,采取了一系列缓和社会矛盾的政策,但由于这些政策很多都与实际情况背道而驰,而且在推行时采取了强硬的手段,在遭到反对后,又企图通过严刑酷法来强制推行,从王侯公卿至普通百姓因违背新政策而受到处罚者不计其数,反而加剧了社会的动荡不安,王莽没有获得民心,反而失去了民心。

王莽对少数民族也采取了一系列错误的政策,为了凑足"四海",强行胁迫羌人献出青海湖设立西海郡,为了让西海郡不那么荒凉,就必须移民,为此王莽又增加了五十条法令,用来增加成千上万的罪犯,满足移民的需要。

他将臣服于汉朝的匈奴、高句丽、西域诸国和西南夷等属国的统治者全部由"王"降封为"侯"。将匈奴单于改名为"降奴服于",高句丽改名为"下句丽"。招致了各个少数民族统治者的不满，他们拒绝臣服新朝。王莽派军前去征伐，导致边境冲突不断，耗费了大量的人力物力，百姓苦不堪言。

王莽岭

王莽在继位后，刘氏宗族的反莽起义并没有停止，反而有愈演愈烈的趋势。虽然这些反抗最后都被镇压下去了，但是已经表明，王莽的行为已经遭到了刘氏宗族和很大一部分官僚地主的强烈反对。

王莽改制并没有解决当时的社会矛盾，反而带来了更大的社会问题。王莽兴师动众的讨伐少数民族，大兴土木，加重了老百姓的赋税，甚至造成成千上万的老百姓死于非命。天灾人祸，使土地慢慢荒芜，物价飞涨，米价到王莽执政末期的时候，甚至涨到了每斛一斤黄金的价格。

刑政苛暴，赋税繁重，饥荒遍布，百姓生活难以为继，纷纷揭竿而起，形成赤眉和绿林两只大规模的农民起义军。

公元 23 年，绿林军攻入长安，王莽率领部下出逃，最后跟随王莽的千余人全部战死或者被杀，王莽在混乱中也被杀害，新朝灭亡。

凶暴无道——孙皓

孙皓，三国时期吴国的末代皇帝。吴大帝孙权之孙，孙和之子。在位初期实行过明政，不久就沉迷于酒色之中，杀戮过重，最后吴国被西晋所灭，被封为归命侯。

曾有人给孙皓看相说他有大贵之相，孙皓听后心中暗喜表面却丝毫不敢流露出来。景皇帝孙休去世后，当时蜀国刚刚被魏灭掉，吴国全国上下都非常害怕，十分希望能有一位年纪较长的英明君主。

孙皓在继位前的封号是乌程侯，乌程县令跟孙皓的关系很好，称赞孙皓聪慧有才处事明智，又加上他好学，遵纪守法，所以多次向丞相濮阳兴、左将军张布进言。濮阳兴和张布又劝说孙休的妃子太后朱氏，想让孙皓来继承皇位。

朱太后说："我不过是一介女流，哪里能考虑到社稷的大事，只要不使吴国灭亡，宗庙祭祀有所依靠就行。"于是将孙皓迎入宫中，立他为皇帝，当时孙皓二十三岁，更改年号，大赦全国。孙皓刚即位时，实行了一些仁政，下令抚恤百姓，开仓赈济，放出宫内部分宫女和宫中多余的珍异兽，百姓倒也安居乐业。

不久之后，孙皓便变得粗暴骄横、治国暴虐、贪好酒色，官员都感到很失望，濮阳兴和张布心里也十分后悔，后来有人把这事向孙皓进谗。孙皓便把濮阳兴和张布杀了。

残忍嗜杀

孙皓即位后不久，逼杀了朱太后。朱太后的丧事在宫内的一个园林的小房子中办理，大家都知道她并非死于疾病，所有人都感到十分悲痛，孙皓又将孙休的四个儿子全部遣送到吴郡的小城，随后又派人杀了他们。

孙皓荒淫好色，张布的女儿曾经很受孙皓的宠爱。孙皓杀掉张布的第二天，他故意问张美人："你的父亲到哪里去了？"张美人气愤地说："被奸贼杀死！"孙皓大怒，命人用木棍仗杀了她。后来，孙皓因为思念张美人的容貌，命人用木头雕刻出她的木像，

三国时期吴国铜镜

放在了寝宫里。

有一次，孙皓问身边的人："张布还有女儿吗？"有人回答说有，但是已经出嫁。孙皓马上命人把她抢进宫，对她宠爱有加，从此，白天晚上都混在一起，不理朝政。

孙皓又叫工匠用金子打造了不计其数的饰品，然后让宫人戴上首饰互相嬉戏打闹，以此为乐，这些首饰往往很快就带坏了，坏了孙皓就立刻叫人重制，工匠也趁机中饱私囊，吴国的国库几乎已经要掏空了。孙皓并不满足后宫的人数，经常让大臣到处去寻找美女，孙皓还规定，两千石以上大臣的女儿，年龄在十五岁以上的要经过皇家的挑选，之后才能够出嫁。

孙皓经常在宫中设宴款待大臣，强逼参加宴会的大臣喝醉，允许侍臣肆意嘲笑公卿大臣。他还专门设立了黄门侍郎数十人，每次宴饮的时候，就让这些人站在大臣的背后。如果哪个大臣喝醉酒后胡言乱语或者有失礼的行为，他们都会向孙皓禀报。孙皓有个怪癖，很讨厌别人瞅自己，所以如果有人偷看了孙皓一眼，也是有罪的。

孙皓命人将城外的河水引入宫中，看到后宫中的哪一个妃子不顺眼了，马上就杀掉，扔进河水中。孙皓杀人的方式很残忍，有剥人脸皮的，还有挖人眼睛的，等等，残暴至极。

孙皓宠爱的妃子有时派人到集市上去抢夺老百姓的财物，司市中郎将陈声一直很受孙皓的器重，他将抢夺者按照国法处置了，孙皓的宠妃就将此事跟孙皓哭诉。孙皓大怒，借口其他的事情命令士兵将锯子烧红割断了陈声的头，还把他的尸体扔到了山下。

以茶代酒

孙皓每次宴请大臣时，都要求大臣至少要饮酒七升。有位叫韦曜的大臣酒量只有二升，孙皓对他宠爱有加，担心他不胜酒力，便暗中让人给他把酒替换成茶水，让他顺利通过“酒关”。

韦曜为人正直磊落，虽然在酒席上暗地里玩偷梁换柱的把戏，但是一遇到国事，他便实事求是。于是当他在奉命记录一些关于孙皓的父亲孙和的事情时，因秉笔直书了一些不足为外人道的事，这下彻底惹恼了孙皓，孙皓便下令将他斩杀。

但“以茶代酒”这个行为一直到今天仍然被人们广泛地应用。

司马炎称帝建立西晋后，本来打算立刻攻打东吴，但是始终没有发兵，这就使东吴在这段时期得以苟延残喘。孙皓任用陆逊

三国时期吴国烛台

的族子陆凯为丞相，陆逊次子陆抗也被孙皓委以重任。孙皓曾对两人的直言劝谏有所不满，但因他们家族势力庞大，孙皓便一直隐忍着，在陆凯死后，孙皓将陆凯家人全部放逐。

不久，西晋挥军南下攻吴，在晋军强大的攻势下，吴军毫无招架之力，连续折损了多员大将。孙皓对大臣蛮横霸道，而对宦官岑昏却言听计从。当晋兵伐吴，顺江而下，势不可挡之时，岑昏竟给孙皓献了一条非常儿戏的计谋，要孙皓打造铁索、铁锥，沿江截击晋军。孙皓确实有点慌不择路，所以当即照办。哪知精心营造的钢铁屏障，在晋将王浚的数十方大筏面前，顷刻间全盘崩溃。

孙皓仿效了蜀主刘禅的做法向西晋投降，孙皓全家被移居到洛阳。孙皓被封为归命侯，孙皓的太子孙瑾封中郎，其他的儿子被封为郎中。

晋武帝派人把孙皓以及投降的东吴大臣请上大殿，孙皓进入大殿向晋武帝叩头。

晋武帝对孙皓说："我特地设了这个座位，等待你已经很久了。"

孙皓说："我在东吴，也设了同样的座位用来等待陛下。"

晋武帝对孙皓说："听说南方人喜欢做尔汝歌，你可以作一首吗？"孙皓当时正在饮酒，端起酒杯来说："昔日与你做邻邦，今日为你做臣子。敬你一杯酒，让你万寿无疆。"晋武帝很后悔让他作诗。

公元 284 年，孙皓在洛阳去世，享年四十二岁。

荒诞杀戮——刘聪

刘聪，十六国时汉国国君，杀兄即位。学习汉人典籍，深受汉化，在位期间先后派兵攻破洛阳和长安，俘虏并杀害了西晋的怀、愍二帝。政治上创建了胡、汉分治的政治体系。宠信宦官，大行杀戮，晚年疏于朝政，只顾纵情享乐。

刘聪的母亲张氏最初怀孕的时候，梦见一轮红日钻进怀中，

十六国时期塑像

醒来后她对丈夫刘渊说起这件事，刘渊告诫张氏这是吉兆，不能对外面宣扬。张氏怀了足足十五个月的身孕才将刘聪生下来。刘聪出生的那天夜里家里出现了一道白光，等到刘聪生下来，家人发现他的左耳有一抹白毛。

刘聪从小就聪颖好学，通晓经史和百家之学，尤其喜欢《孙子兵法》。他的文章字字珠玑、文采斐然，草书与隶书也写得出神入化。十五岁的时候，刘聪开始学习武艺，而且善于射箭，能够拉开三百斤的弓，可以说是文韬武略、名冠一时。

刘渊最初在成都王司马颖的辖下为官，被司马颖任命为北单于，刘聪被立为右贤王，父子二人受命回到匈奴五部为司马颖带来匈奴援军。但是刘渊回到匈奴后就称大单于，刘聪亦改拜为鹿蠡王。刘渊聚众自立，称汉王，建立汉赵。后称帝，刘聪升任车骑大将军，封楚王。

不久刘渊病重，他知道自己不久于人世了，便命梁王刘和为太子，齐王刘裕为大司徒，鲁王刘隆为尚书令，楚王刘聪为大司马大单于，特地在平阳城的西面给刘聪建起了一座单于台作为任所。刘渊将太子刘和托付给同姓老臣刘欢乐、刘洋和刘延年，将他们分别加位三公，付以辅佐君主的重任。过了两天刘渊就过世了，太子刘和即位。

弑兄杀臣

太子刘和嗣位登基后，宗正呼延攸、卫尉刘锐及素来厌恶刘聪的侍中刘乘进言唆使刘和说：“先帝不顾全大局，让三王在内执掌兵权，尤其是大司马刘聪掌兵十万，屯兵近郊，陛下只不过做了一个傀儡，将来的祸福实在无法预测，还不如早做图谋，好先发制人。”

刘和默默思索了一会，认为他们说得有理，于是便开始定计铲除刘聪。不久就采取行动，但因事先有人向刘聪告密，刘聪率先领兵冲进皇宫，杀死刘和，又搜捕了呼延攸等人，并将他们斩首示众。

刘和死后，群臣奏请刘聪继位，刘聪假意以其弟北海王刘乂是单皇后之子而让位给他，但刘乂推辞不受。刘聪最终答应登基，并说要在刘乂长大后将皇位让给他，登位后即立刘乂为皇太弟。

十六国地图

刘渊的继皇后单氏很有姿色，刘聪以前就对单后垂涎三尺，不过碍于其父刘渊不敢轻举妄动。现在做了皇帝他就没有什么可顾及了。单后见刘聪仪容秀伟，也心生爱慕。没过几天宫廷里就都知道了这件事，一时传为笑谈。单后的儿子刘乂正值青春年少，听不得别人的讥讽，便屡次在入宫看望单后的时候婉转地规劝她。单后听了羞愧难当，心里忧郁成疾，一病不起，不到一年就去世了。

刘聪对单后的死悲伤不已，不久听到宫人说单后的病因是由刘乂的规劝引起的，心里十分痛恨刘乂。只是想起单后的好

处，不忍心对刘乂下手。单后死后，刘聪又广选了许多年轻美艳的女子充入后宫。

刘聪的族弟刘曜攻破了西晋的都城洛阳，俘虏了晋怀帝。刘聪加封被俘虏的晋怀帝为会稽郡公。晋朝的君臣都入朝拜谢，刘聪曾经当过晋朝的小官员，拜见过那时候高高在上的晋怀帝，在酒席上刘聪问晋怀帝："记得卿以前为豫章王时，朕曾与王济拜访过卿，卿曾赠朕柘弓银砚，现在还能记得起来吗？"

晋怀帝说："臣不敢忘记，只是痛恨当时不能够早识龙颜。"

刘聪又问："卿家的骨肉为何自相残害呢？"

晋怀帝说："这是天意，与人无关，大汉将承受天命，所以为陛下扫清了一切障碍，如果上天让臣家守住武帝的遗业，那么陛下又如何能得到晋朝的天下呢？"刘聪不禁开怀大笑，竟将自己宠爱的小刘贵人赏给晋怀帝，又当面封她为会稽国夫人。

有一次刘聪又大宴群臣，他让晋怀帝身穿青衣站在一边斟酒，甚至在自己小便时，命令晋怀帝替他揭开便桶盖。晋怀帝羞愧难当，那些晋朝的旧臣都忍不住悲恸起来。刘聪大怒，不久让人用毒酒毒死了晋怀帝及多名晋朝旧臣。

骄淫荒虐

刘聪的每一顿饭都必须是珍馐美味，住的地方也装饰得豪华富丽。左都水使者刘摅有一次送鱼蟹来迟了，便被枭首在东市。刘聪喜好出外游猎，早晨出去夜里才回来，回来后便燃起几千根蜡烛，极尽奢侈。刘聪想立左贵嫔刘英为皇后，母亲张氏不允，并把自己弟弟的两个女儿送入宫里，让刘聪选一个做皇后，刘聪只好选择了一个。

十六国时期遗址

刘聪听说太保刘殷家里的两个女儿、四个孙女的容貌都倾国倾城，于是便想一并娶进宫里，纳为嫔妃。弟弟刘乂劝他同姓不能成婚，刘聪转问太宰刘延年与太傅刘景，二人迎合刘聪说："太保刘殷称自己的祖先是周朝的刘康公，与陛下虽然同姓但不同宗，当然可以娶来做嫔妃了。"

刘聪非常高兴，立刻将刘殷的两个女儿、四个孙女都召进宫中，册封二女为左右贵嫔，四孙女为贵人。刘聪连日与六个美女共度春宵，哪里还有时间处理政事？他给两位贵嫔一个取名叫刘英，另一个取名叫刘娥，隐喻着尧的两个女儿娥皇和女英。在上古时娥皇和女英一同嫁给了舜，刘聪给二女改名，认为自己是像舜一样的明君。

刘聪暴虐，母亲张氏因为刘聪滥杀无辜，三天不吃饭，刘聪的次子，大将军刘敷屡次哭谏，刘聪大怒着说："你是想要我死吗？天天跑来哭。"刘敷忧郁而逝。几个月后，刘聪的母亲张氏去世了，皇后张氏不久也撒手人寰。刘聪见没人再来管他，便册封了刘娥为皇后。

刘娥为人善良，时常劝谏荒淫好杀的刘聪，拯救了不少无辜人的性命。但是不久刘皇后因难产气绝身亡。

一天，刘聪去靳准家中饮酒，看见了靳准的两个女儿，她们都有闭月羞花的美色，分别叫靳月光、靳月华，刘聪不由得看呆了，靳准借机将两个女儿献给了刘聪。

第二天刘聪便封二女为贵嫔，过了十多天，刘聪将靳月光册封为皇后，为了安抚两个刘贵嫔，分别册封她们为左皇后和右皇后，加号靳月光为上皇后，造成了前所未有的“三后并立”的荒唐局面。

刘聪执政后期，贪图享乐，将朝廷政务全部委托给儿子刘粲，同时刘聪还十分宠信中常侍王沈，宣怀等人，刘聪因沉迷于后宫享乐而长时间不去朝会，群臣有事都会向王沈等人报告而不是上表送呈刘聪。而王沈等人也大多不报告给刘聪，只以自己的喜恶去议决朝政。王沈等人又贬谪了一些不肯依附自己的人，只任命那些善于阿谀奉承的奸佞小人为官。

因为刘聪的信任，王沈和刘粲等人又与靳准合起伙来诬称皇太弟刘乂密谋叛变，不但废掉并杀害了刘乂，剪除了刘乂的羽翼，更趁机诛除了一些不肯顺从自己的官员，又坑杀了刘乂的亲兵。刘粲在刘乂死后被立为皇太子。

公元 318 年，刘聪病重逝世。

骨肉相残——石虎

石虎是后赵开国君主石勒的侄儿。石勒死后，皇位由儿子石弘继承。后来，石虎废杀石弘，自立为帝。石虎在位期间，穷兵黩武，强征百姓入伍；营建宫室，废耕地为猎场；广夺美女充其后宫，刑法残酷。

石虎性格残忍，石勒为他娶了征北将军郭荣的妹妹为妻，但是石虎却十分宠幸小妾郑氏。郑氏为人轻佻善妒，经常在石虎的面前诋毁正妻郭氏，并且时常当着石虎的面讥讽嘲笑她，郭氏渐渐不堪忍受。一次她又受到郑氏的欺侮后，便反唇相讥，谁知石虎偏袒郑氏，郭氏气急败坏，便和石虎发生了争执，石虎性烈如火，拳脚相加，当场将郭氏打死。

洛阳宫

不久石虎又续娶了崔氏女为继室，郑氏又加以诋毁,石虎大怒,找来崔氏问话,崔氏战战兢兢地来到石虎面前,一边哭一边哀求道:“夫君不要杀我,请听我说一句!”石虎狞笑说:“你若是问心无愧,何必这样惊慌。你坐下吧,我给你时间慢慢说。”于是崔氏转身正准备坐下,却听见背后拉弓搭箭的声音,她想要闪开,但是已经来不及了,一支箭从后背穿透了她的前胸,鲜血喷涌而出,崔氏立刻倒地而死。

废杀石弘

石虎身材高大,弓马娴熟,英勇矫健,勇冠三军。石虎作战勇猛,立下了卓越的战功,他满以为自己功高于别人一等,石勒必能给他一人之下万人之上的地位,然而石勒却把大单于的职位给了儿子石弘,石虎开始对石勒不满,并且私下里对儿子抱怨说:“大单于的称号应该是我的,现在却给了那个黄毛小子,真是让人气愤,等到主上驾崩之后,我一定会要了他的命。”

果然,在石勒死后,石虎便命人搜捕了石弘的亲信,并且让他的儿子带兵守卫在皇宫中,太子石弘万分恐惧,要让位给石虎,石虎愤然拒绝道:“君主驾崩,就应该立世子,我怎么敢违背呢!”石弘哭着说自己不能胜任,坚持要让位给石虎,石虎大怒道:“你是否能够胜任,天下自有公论,这是你能改变得了的吗?”

于是,石弘登基为帝,但是朝廷内外政权全都把持在石虎手中,石勒的妻子刘氏和儿子石堪密谋除掉石虎,但是计划未成,反而被石虎派兵杀死。石弘持印绶亲自到石虎的住处表示自己禅位的意思。

石虎说:“天下人自会有公论,怎么能自己私底下议论呢!”石弘离开后,石虎跟人说:“施行禅让制的唐尧、虞舜都是贤君,石弘昏庸愚昧，不遵守礼仪制度，应该将他废黜，谈什么禅让！”

不久，石虎将石弘废黜为海阳王，将石弘和太后程氏、秦王石宏、南阳王石恢幽禁在崇训宫全部杀害，石虎即位。

太子石邃素来骁勇善战，最像石虎，他恃宠生娇，性情残暴比石虎有过之而无不及。石虎经常对大臣说：“司马氏父子兄弟自相残杀，所以才有了我今天的基业。而石邃是朕的爱子，我岂有杀他的道理！”石邃骄淫残忍，喜欢将美丽的姬妾浓妆艳抹起来，然后斩下首级，盛放在盘子里，与宾客互相传示，再将姬妾身体上的肉与猪羊肉一起烹煮，与宾客共同品尝。

河间公石宣、乐安公石韬同时也都受到石虎的宠爱，石邃便恨他们如仇敌。石虎沉溺于酒色，喜怒无常。一天，石邃有事呈报，石虎便不满地说：“这种小事情，还值得来禀报吗？”

后来有一次石邃有事没有禀报，他又不满地说：“为什么有事情不禀报！”于是对石邃加以谴责和鞭笞，像这样的事情一月之中能发生很多次。石邃心里十分不满，私下对中庶子李颜等人说：“天子太难伺候了，我想做冒顿那样的事情，你们敢跟我干吗？”李颜等人吓得跪在地上不敢回答。

石虎儿子石邃像

石邃装病不理朝政，石虎让自己亲

近信任的女官前去探病。石邃假装跟她说话,乘势拔剑便刺向了女官。石虎大怒,拘捕了李颜等人,当面拷问,李颜原原本本地述说了石邃之前说过的话,石虎便将李颜等人处死,把石邃幽禁在东宫,不久就放了出来。石虎召见他,石邃朝见时不叩谢,拜完便走了。石虎让人对他说:“太子应该去朝见皇后,怎么可以这么快就离开!”石邃就像没听见一样,一直向前走。石虎怒不可遏,立刻废黜石邃为庶人,把他囚禁起来。

当天晚上,石虎派人杀死石邃及他的妻子张氏等男女共二十六人,把他们一起埋在一口棺材内,并诛杀了石邃东宫的僚属二百多人,废黜石邃的母亲郑皇后为东海太妃。

严刑酷政

石虎很喜欢打猎,晚年的时候因身体不好不能骑马,就让人专门建造了打猎用的车子,并且把很多百姓的耕地都划到了猎场的范围,让御史来监察,如果有人敢伤害猎场的动物,便等同于杀人之罪会被处以死刑。御史知道石虎贪爱美色,所以百姓中如果有漂亮的女子或是上好的牛马,御史就诬陷他们伤害禽兽,被诬陷论罪处死的有一百多人。

石虎又从全国各地征发了二十六万人来修建洛阳宫,征发百姓的牲畜二万头调配给朔州的牧官。又增设了宫中女官,从民间大举征选民女达三万多人。太子、各王公私下发令征选的美女又将近万人。各个郡县极力选取美女,经常出现强行夺占百姓的妻子,而将丈夫杀害的事情,被杀的人数达三千多。

石邃被杀后,石虎立石宣为太子,石宣性情乖张暴戾,即使在石虎面前,也有桀骜不驯之色。石韬受到石虎的宠爱,石虎想立他为太子，可是因为已立太子石宣，犹豫不决。石宣曾经违背石虎的命令，石虎气愤地说：“真后悔当初没立石韬为太子！”石韬因此而更加傲慢无理，石宣也更加地恨石韬了。

石韬建造了一座宫殿，富丽堂皇，规模宏大，名为宣光殿，横梁长达九丈。石宣看到后勃然大怒，认为他逾制，并且冒犯了他的名讳，便命人杀掉了工匠，截断了横梁，拂袖而去。石韬对此也是愤怒异常，又把横梁加长到十丈。

石宣听说后，对他的亲信说：“太放肆了，这小子竟敢如此目中无人！要是你们能把他杀掉，我登基即位后，就把他现在的封国郡邑全都分封给你们。石韬死后，主上一定会亲临哀悼，到时我们再趁机把他也杀掉，就可以成大事了。”于是，他的亲信借机杀了石韬。

后赵时期铸币

石虎十分悲痛，怀疑是石宣杀害了石韬，想召见他，又怕他不来，于是以他的母亲杜皇后生病为由，把他骗到了宫中。石宣没有察觉石虎已怀疑到了自己

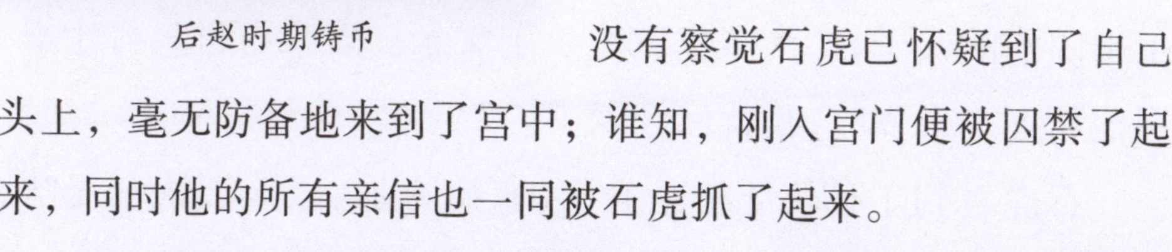

头上，毫无防备地来到了宫中；谁知，刚入宫门便被囚禁了起来，同时他的所有亲信也一同被石虎抓了起来。

经过审问，他的亲信全部招供了。石虎听完后更加悲痛愤怒，命人用铁环穿透了石宣的颌骨，锁在了柱子上，又拿来杀害石韬的刀剑让他舔食上面的血，石宣的哀鸣嚎叫声响彻了整个宫殿。

有人对石虎说：“石宣、石韬都是您的儿子，今天如果因为石韬的被害而再杀了石宣，这便是祸患无穷了。陛下如果能对石宣网开一面，尚可延续福祉气运；如果一定要杀了他，石宣当化为彗星而横扫宫廷。”

石虎没有听从劝说。他命人割石宣的舌头，砍断他的手脚，挖出他的眼睛，刺穿他的肠子，最后把石宣活活烧死。火灭以后，又取来灰烬放在了人来人往的十字大路当中，任人随意践踏。还杀掉了石宣的妻儿二十九人，石宣的小儿子刚刚几岁，聪明可爱，石虎平时非常喜爱他，不忍心杀死，因此想要赦免他。但手下的大臣却不同意，从石虎怀中要过来就给杀掉了。当时小孩拽着石虎的衣服狂叫痛哭，以至于连腰带都扯断了，石虎也因此得了大病。

石虎还废黜了石宣的母亲杜皇后，将她贬为庶人。又杀死了石宣身边的三百多人，宦官五十人，东宫卫士一万多人全都被贬谪戍卫凉州。石宣居住的太子东宫也被改成了饲养猪牛牲畜的地方。

石虎又立小儿子石世为太子，他对大臣说：“我真想用纯灰来清洗一下我的肚子，这个肚子一定太过肮脏，不然怎么会屡屡生出凶残的儿子，二十多岁就想杀了父亲。现在石世只有十岁，当他长大二十岁时，我就已经老了。”

石虎看到子孙快要被杀光了，悲痛交加，以至于饮食无味，渐渐地面容消瘦，形容枯槁。最后因病去世，终年五十四岁，在位十五年。这时离后赵灭亡也不远了。

杀戮无道——苻生

苻生小的时候瞎了一只眼睛，长大以后力大无比，可力举千斤，空手跟猛兽格斗，勇猛无敌。登基后残酷暴虐，兽心大发，以残忍的手段杀人无数。后来还想杀苻坚兄弟，结果反而被苻坚先发制人杀死。

五胡十六国时期，氐族的苻洪在长安建立了前秦。苻洪死后，他的儿子苻健继立为秦王。苻生是秦王苻健的第三个儿子。苻生从小的性格就很像无赖，还瞎了一只眼。

祖父苻洪在世的时候很不喜欢苻生，曾当着苻生的面对左右的人说："我听说瞎了的那只眼睛是不会

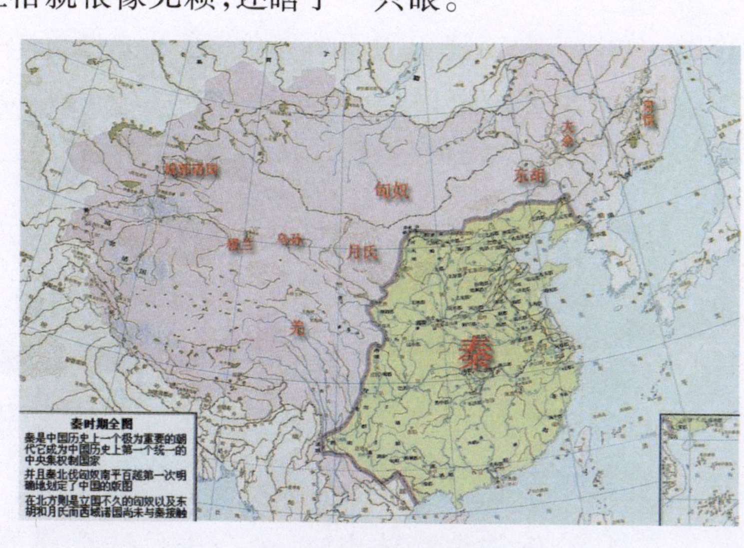

十六国时期秦国地图

流泪的，不知道是不是真的？”左右的人都说是。年幼的苻生竟然拔出随身的佩刀，刺向了瞎眼，瞎眼立刻流出了血，然后苻生指着瞎眼对苻洪说：“这难道不是眼泪吗？”苻洪极为震惊和害怕，拿起鞭子来抽打苻生。苻生并不觉得痛苦，反而恶狠狠地说：“我的性子就是像刀叉剑戟一样硬，你最好还是不要打了。”苻洪大怒道：“你这个贱骨头，只配做奴才。”苻生冷笑着说：“难道像石勒一样吗？”

苻洪听了大惊，害怕因为苻生的妄言而招致灾祸，急忙站起来掩住了苻生的嘴，转身对儿子苻健说：“这个小子太忤逆狂妄，将来必成祸害，赶紧把他杀了。”

苻健虽然口头答应，但终究是父子情深，不忍心痛下杀手，因而与他的弟弟苻雄商量。苻雄劝阻说：“等到小孩子长大成人了，自然会改过的，何必没有缘由地就把他杀了呢。”苻雄又向父亲苻洪求情，苻生才得以活下来。

苻生长大后，被封为淮南王。他力气很大，又勇猛好战，能空手跟猛兽搏斗，跑得比骑在马上还快。东晋的桓温率十万兵北上攻秦，苻生一人一骑提刀直入晋军中，斩杀了东晋数十员大将，来来回回，无人敢阻拦。从那以后，晋兵一见到苻生就都吓得抱头鼠窜。

苻健太子苻苌在桓温入关的时候中流矢而死。于是苻健立苻生为太子，不久苻健病重，不能处理政务。平昌王苻菁企图阴谋自立，带领士兵冲进东宫杀苻生。恰好苻生入宫侍疾，苻菁未得逞，便移攻东掖门，诈称苻健已死，太子苻生残暴不仁，不堪为君，借此蛊惑军心。

不料，苻健强撑病体出宫，命令士兵诛杀苻菁，其余随从人员都不问罪。苻菁的部下见苻健还活着，都吓得丢下兵器逃生去了。苻菁也骑马想要逃走，被士兵捉住处死了。

几天后苻健病情不断加重，在临死前苻健担心苻生不能保全基业，就对苻生说："少数民族的首领和皇亲贵戚，如果有不听从你命令的，应该尽早清除掉，不要给自己留下祸患！"

三天后，苻健病死，时年三十九岁。太子苻生当天就即位了，改元为寿光。尊称他的母亲强氏为皇太后，立其妻梁氏为皇后。群臣劝谏说："先帝刚刚驾崩，不应该当天就改元。"苻生勃然大怒，斥退了群臣，让人处死了劝谏的第一人。

残暴妄杀

大将强怀在战场上死去，按例可以荫封他的子孙。一次苻生在外闲游，忽然看见一个身穿孝服的妇人跪倒在道旁，自称是强

五胡十六国时期地图

怀的妻子樊氏，请求为儿子加官。

苻生问："你儿子有什么功绩，敢求封赐？"

妇人说："妾夫是大将强怀，在与晋军作战的时候身亡，国家并未给过抚恤，现在陛下刚登大位，正是赦免刑罪表彰功勋的时候，所以特来祈求恩赐。"

苻生怒骂说："封赐都是由我亲自斟酌颁布的，岂是你随便想求就能求来的吗？"那妇人不知进退，还跪在地上哭诉亡夫为国捐躯。苻生大怒，取弓搭箭，一箭射穿了妇人的脖颈，妇人倒地便死了。

苻生即位没多久，上至后妃公卿，下至百姓仆隶，被无故杀死的就已经达到了五百多人。一天，苻生在太极殿召宴群臣，让尚书辛牢为酒监，命令每一个人都得喝到大醉才可以。群臣都已经喝多了，辛牢害怕群臣喝得太醉有失礼仪，所以劝酒便不是很积极。

苻生大怒说："你这个酒监是怎么当的？为什么不劝人饮酒，没看见还有在那里坐着的吗？"话一说完，手中已取过弓箭，一箭便射穿了辛牢的脖子。群臣吓得魂飞魄散，都不停地喝酒，最后全醉倒在地，呕吐了满身满地。苻生反而以此为乐，又连喝了几大杯，才返身入寝去了。群臣这才大松了一口气，相互搀扶着踉跄而归。

光禄大夫强平是苻生的亲舅舅，对苻生的所作所为实在看不下去，便进宫劝谏苻生应该爱惜臣民，仁慈孝悌。话还没有说完，苻生便命令武士用凿子凿穿强平的头顶。卫将军广平王黄眉、前将军新兴王苻飞、建节将军邓羌，当时都在场，他们急忙叩头劝阻："强平是强太后的兄弟，稍微惩罚一下就行了。"

苻生半句也听不进去，只是催促左右快凿强平。强平最终被凿得脑破浆流，当场惨死。因为三人求情惹恼了苻生，苻生降黄眉为左冯翊，苻飞为右扶风，邓羌为咸阳太守。这三人因素有勇名，苻生不忍杀死。强太后因兄弟之死，忧郁成疾，绝食而亡。

对于母亲的死，苻生一点也不伤心，反而亲自写了一道手诏颁示全国，手诏里说："朕是上天任命的，继承了祖宗的基业，主宰天下万民，登基即位以来，有什么地方做得不好？反而遭受了那么多的诽谤之声，朕杀人不过几千，却说朕残酷暴虐，这是什么道理？"

五胡十六国佛像

有一天，苻生与一个妃子登楼远望，这个妃子指着楼下一人问苻生官职姓名。苻生看见是尚书仆射贾玄石。贾玄石容貌俊美，一向有美男子的称号，他心里禁不住醋意大发，便回头

问妃子："你难道看上了他了吗？"说着便解下佩剑交给卫士，让他取下贾玄石的首级。

卫士携剑下楼，不一会儿，割下了贾玄石的首级回来复命了。苻生将贾玄石的头放在妃子的手里说："你喜欢就送给你好了。"妃子又惊又怕，赶紧跪在地上请罪。幸好这个妃子姿色美艳，正受苻生宠爱，才捡回了一条命。

苻生不分昼夜不停地喝酒，几个月都不上朝处理政事。每次喝醉之后都会杀人，妻妾臣仆若不小心说出有关残缺的词，苻生便认为这是在讥笑他瞎了一只眼睛，便将对方处以死刑。身边因此而被苻生虐杀的人不计其数。群臣等待苻生上朝，往往等到日落时分也见不到他的人影，有时即使等到了也没什么好结果。每逢苻生不上朝时，大臣们就互相庆贺，恭喜大家又多活了一天。

无德被废

苻生曾经做梦梦见大鱼食蒲，认为不是个吉兆，又听到长安有歌谣："东海有鱼化为龙，男便为王女为公，问在何所洛门东。"这三句话是说有人将会取代苻生，其实是暗喻东海王苻坚。苻坚的官职是龙骧将军，住宅就在洛门东。

苻生怀疑是广宁公鱼遵，便把他杀死，将他的子孙全部杀绝。不久长安市内又流传起一

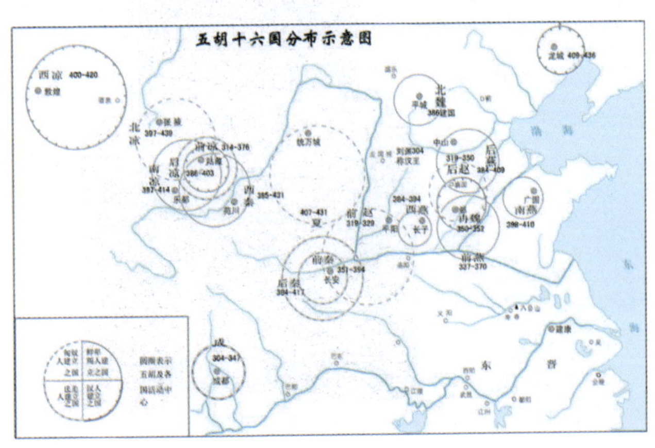

五胡十六国分布图

首歌谣:“百里望空城,郁郁何青青?瞎儿不知法,仰不见天星。”苻生听到后,马上命人将国内的空城全部毁去。

御史中丞梁平老私下对东海王苻坚说:“主上残暴不仁,德行尽毁,大失民心,燕晋二方,正对我方虎视眈眈。一旦发生灾祸,家毁人亡,殿下何不早点图谋大事?”

苻坚认为他说得很对,但是因为畏惧苻生力大无穷,所以没敢轻易行动。

苻生夜里对侍婢说:“苻法兄弟也不能相信,明天就得把他们除掉。”那个侍婢将苻生的话全都告诉了苻坚,苻坚又转告给兄长苻法。苻法立即与梁平老、梁汪等密商。

苻法与梁汪召集了数百名勇士,潜入云龙门。苻坚带领手下的三百多人,直接杀进了宫里。守卫宫门的将士,都痛恨苻生,丝毫没有抵抗,反而跟随苻坚杀了进去。

苻生正醉卧在床中,直到苻坚带兵杀入,他才起来问身边的人:“这些人进来干什么?”身边的儿女回答说:“他们是贼。”苻生醉眼蒙眬地说:“既然说是贼,怎么不叩拜呢?”

身边的人都偷偷地笑,连苻坚的手下兵将都忍不住了。苻坚命令军士,把苻生从卧榻上拖下,牵拉出去囚禁起来。不久废苻生为越王。

苻生酒醒后已成为阶下囚,只好每日继续在酒中取乐。苻坚登基即位,自立帝号,称大秦天王。苻坚派人逼苻生自尽。苻生在临死前饮酒数斤,醉倒在地上,不省人事,被使者勒杀,被谥为厉王。

荒淫暴虐——慕容熙

西晋灭亡之后，黄河流域的广大地区成为北方各少数民族争夺统治权的战场。那一时期的主要民族是匈奴、鲜卑、羯、氐、羌，史称“五胡”。建立的政权主要有前赵、后赵、前秦、后秦、西秦、前燕、后燕、南燕、北燕、前凉、后凉、南凉、北凉、西凉和夏，史称“十六国”。

慕容熙是十六国时期后燕的君主，慕容垂幼子。淝水之战前秦失败以后，鲜卑贵族慕容垂趁机恢复燕国，史称后燕。慕容垂死后，太子慕容宝即位，在与北魏的对抗中，慕容宝被杀。他的大儿子慕容盛机智骁勇，深具谋略，报了杀父之仇后，慕容盛登基即位。慕容盛是个严刑寡恩、猜忌成性的人，让下属人人心寒，个个思叛，最后终于激起一场政变，慕容盛被叛军砍成重伤，临终之际，慕容盛急忙召叔父慕容熙来托付后事。

慕容熙是慕容垂的小儿子，年纪还不到二十岁。他风流俊美，仪表出众，是个有名的美男子。他对皇位垂涎已久，为了能够得到皇位，慕容熙不断地接近自己的寡嫂丁太后。丁太后是个风流女子，很快便跟慕容熙的关系非同一般了。

慕容盛死后，大臣一致认为国家多难，应该立一位年长的国君，并向太后建议立慕容盛的弟弟平原公慕容元为新皇帝。丁太后却在第二天的早朝上对群臣说：“国家多难，太子年龄尚幼，恐难当大任。河间公慕容熙德高望重，才智过人，堪当大任，我已决定立他为君，诸位爱卿可有异议？”因殿中布满了慕容熙的士兵，群臣谁也没敢多说一句话，纷纷跪伏在地，高呼万岁。于是，慕容熙终于如愿以偿地登上了皇帝的宝座。不久，慕容熙便找借口杀掉了平原公慕容元与废太子慕容定。

逼死太后

慕容熙当上皇帝以后，出于对丁太后的感激，对她宠爱有加，一退朝便去后宫中陪丁太后。谁知这种状态并没有持续太长时间，慕容熙来的次数越来越少了，有时甚至几个月都不去丁太后那里一次。原来，慕容熙已经对丁太后逐渐失去兴趣了，一是皇位已到手，丁太后已没有什么利用价值了；二是丁太后终究是

契丹国创意图

徐娘半老，再怎么打扮也不如青春少女。

慕容熙是个好色之徒，当上皇帝后便派人到处搜求美女。不久，慕容熙找到了一对姐妹花，姐姐叫苻娀娥，妹妹叫苻训英，她们是中山尹苻谟的女儿。这姐妹俩都长得是沉鱼落雁、闭月羞花。

慕容熙一见，便格外喜欢。他将姐姐苻娀娥封为贵人、妹妹苻训英封为贵嫔。姐妹俩都是那么娇媚，从此，慕容熙便把心思全用在这姐妹花身上去了。对于那个年长色衰的丁太后，他早就忘得一干二净了。

丁太后对慕容熙恨得咬牙切齿，心中十分后悔帮助慕容熙夺得帝位，准备将他从皇位上拉下来。于是，她暗中派人将侄子丁信召入宫中，让他组织力量，发动宫廷政变，将慕容熙废掉。没想到密谋不周，很快就被慕容熙发觉了。慕容熙反击，丁信被逮捕，最后丁太后被逼令自杀，丁信也被斩首示众。

慕容熙像

慕容熙除掉了丁太后，从此便了没了顾忌。第二年便封大苻为昭仪，立小苻为皇后。别看妹妹的年龄小，模样却比姐姐更加俏丽，更能令人生出怜爱，所以位在姐姐之上。慕容熙对两姐妹宠爱有加，言听计从，整天和姐妹俩朝游暮乐，极尽声色犬马。

为了博得姐妹俩的欢心，慕容熙一次征调了两万人在城北修建龙腾苑，大苻喜欢微行饮宴，慕容熙为她开凿曲光海，修建清凉池，正赶在盛夏大兴土木，服役的民工中暑晒死无数；小苻喜欢骑马打猎，慕容熙便经常与她同辇出猎，沿途骚扰百姓，践踏民田，全国上下，怨声载道。

契丹人画像

一次，慕容熙带大苻到城南游玩，途中累了，在一棵大树下休息时，听到树中似有人声，慕容熙便命令卫士将大树劈开。突然，从树中蹿出了一条一丈多长的大蟒，全身磷光闪耀，昂首吐信，煞是吓人。大苻一见受到了惊吓，回宫后便卧床不起，越来越重，很快就气息奄奄。御医使出浑身解数，始终不见起色。

慕容熙心疼不已，连忙重金悬赏，招天下名医。有个名叫王温的江湖郎中，看见榜文后，自称能够医好苻昭仪的病，谁知用了两三剂药之后，竟把这位如花似玉的美人医得一命呜呼了。慕容熙气急败坏，下令将王温枭首示众，并夷其三族，这样还不解气，又把王温的尸体肢解后焚烧了。

慕容熙痛失大苻，整日怏怏不乐，好在宫中还有一位小苻，才把慕容熙的悲伤渐渐地化解了。慕容熙对小苻更是百般呵护，他为小苻皇后修建了一座气势雄伟富丽堂皇的承华殿，工程浩大，耗资无数，就连修建宫殿的土都与市面上的谷子的价钱一样。小苻夏天的时候喜欢吃冻鱼，冬天的时候喜欢吃鲜地黄，

鲜卑人塑像

慕容熙就让官员去弄，弄不来的就要被斩首。

慕容熙一刻都不能离开小苻，就连行军打仗都要带着。攻打高句丽时，原本城就要攻陷了，慕容熙为了要与小苻一同坐辇车进城，便命令军士暂缓攻城，结果贻误了战机，大败而回。

第二年，慕容熙攻打契丹，看到契丹兵强马壮，慕容熙便下令退兵。结果，小苻因为没打上仗不开心。于是，慕容熙就带着小苻去攻打高句丽，结果因路途遥远，导致士卒马匹死亡无数，劳民伤财，兴师动众。

昏聩丢命

自古红颜多薄命，这个小苻的福命也不长。没多久，小苻也暴病身亡。慕容熙心痛无比，像死了爹妈一样，捶胸顿足，呼天抢地，竟然哭昏了过去。左右把他救醒后，又号啕大哭不止，而且不让装殓。他终日陪着小苻的尸体，不时抚摸，口里喃喃自语，不停地哭泣。这样过了两天，才让左右入殓。时值盛夏，小苻的尸体已发出阵阵异味，慕容熙却浑然不觉。

大殓已毕，众人准备盖棺移殿时，慕容熙又抚棺大哭起来，就是不忍分离。于是，又命左右打开了棺盖，最后一睹芳颜。装殓后的小苻，仍然杏脸桃腮，面色栩栩如生。慕容熙一边看一边哭，不停地用手抚摸着小苻。后来竟然把左右的人支出门外，爬进棺内，与他那快要腐臭的小苻皇后又同床共枕了一回，然后慕容熙才命人盖棺移殿，并在宫内设立了苻皇后的灵位，下令百官哭灵。

他又派人暗中监视，声泪俱下者有奖，否则就要治罪。大臣为应付他，全都把辛辣之物抹在脸上，硬挤出眼泪来。慕容熙还逼令高阳王妃张氏自尽，为小苻皇后殉葬，又几乎花费掉了国库的所有储蓄来为苻皇后修建陵墓。

为小苻送葬时，慕容熙披散着头发，光着脚，一直跟着灵车走了二十多里。因灵车高大，出不去城门，慕容熙竟下令拆毁了北门。当时老百姓都偷偷地叹气说："慕容氏自毁国门，国运怎么能够长久呢？"

果然不出人们所料，大将高云、冯跋等人趁慕容熙送葬未归的时机发动政变，占领了龙城。慕容熙送葬回来之后惊慌异常，只好先率领随从先退守到龙腾苑中。

第二天，慕容熙与叛军交战，胜负还没有分出来，他就自己先逃走了。他的军队没有了主帅，也都一哄而散了。无路可走的慕容熙最终在龙腾苑附近的树林中被叛军捕获了，不久被处斩。一代荒淫暴虐之君，终于毙命，死时年仅二十三岁。后燕也因此灭亡。

荒淫腐败——刘骏

宋孝武帝刘骏是南朝宋的第五位皇帝，是宋文帝刘义隆的第三子，生性聪颖，善于骑射，是南朝宋的皇帝里较有才华的一位。太子刘劭弑杀了宋文帝之后，刘骏率领大军讨伐，诛杀刘劭，夺得了皇位。

刘骏的母亲路太后，是宋文帝的淑媛，开始的时候宋文帝对她还是非常宠爱的，后来随着年龄的增长，等待儿子刘骏出生后，文帝慢慢对路淑媛失去了兴趣。儿子被封为武陵王后，路淑媛不忍心儿子小小年纪一个人在外面，就请求文帝让他陪儿子一起到封地。因为她已经失宠，文帝便同意了她的请求，直到刘骏当上了皇帝，路太后才再一次回到了皇宫中。

刘骏夺得帝位后，史称“孝武帝”，刘宋王朝也从此走向了衰落。据记载，刘骏是个荒淫腐败的暴君。在位的时候，刘骏担心自己的兄弟藩王对自己的江山不利，便不顾惜骨肉之情，先后将宗室南郡王刘义宣、南平王刘铄朔、竟陵王刘诞、武昌王刘浑、海陵王刘休茂等杀害，刘宋势力更加削弱。

刘骏即位不久，南郡王刘义宣谋反，声势浩大，朝中几乎大乱。刘骏地位尚未稳固，便准备将皇帝的宝座送给刘义宣，迎接他入朝，刘诞坚决地阻止了刘骏。终于使刘骏下定决心，整军讨伐叛军并战而胜之，杀死了刘义宣以及他的十六个儿子。

刘骏皇位稳固后，开始对宗室有所限制和防范。刘诞战功显赫，位高权重，他的府第建筑豪华，府中更是聚集了文武英才，配备的武器装备最精良，因此所受的猜忌也最重。后有人告发刘诞谋反，刘骏下令将他贬官，刘诞违命不接受这个处罚，举兵造反。刘骏大怒，斩杀刘诞心腹的亲族上千人。刘诞最后兵败被杀，家人无一幸免，连刘诞造反时占据的城池也被刘骏下令屠城。

恃强逞威

刘骏是个贪图享乐、荒淫腐败、不理朝政、不思进取的皇帝。

南朝陵墓石刻

他在位期间，朝纲混乱，官风日衰。他平时跟大臣说话时喜欢戏谑耍笑，根据各位大臣的身体特征给他们各取了一个外号。刘骏身边有一个昆仑奴，身材高大强壮，刘骏专门让他执仗站立在身旁，稍微有不舒心顺意的时候，就命昆仑奴殴打群臣。

刘骏骄奢得一天比一天厉害，为了炫耀自己的权威，他总是赏赐大臣东西，不久就导致了国库的空虚。刘骏为了充实国库，想出了一个办法，跟大臣玩掷色子。皇帝跟大臣玩，大臣谁也不敢赢皇帝的。于是那些地方官吏多年搜刮百姓积攒的财物就都进了刘骏的国库。

刘骏经常与颜师伯赌博赢点数大小，一次刘骏得到三个五，心里高兴坏了，自以为肯定会赢钱，却没想到颜师伯却掷出了三个六，刘骏一下子就呆住了。颜师伯慌忙收起色子说："差点掷出了三个六。"接着他自愿认输。等到这局下来，颜师伯输了一百万缗钱。刘俊大喜，颜师伯也很开心。

南朝陵墓石刻

刘骏嫌宫殿不够宽敞，便另外造了一座玉烛殿。一次他来到南宋开国皇帝刘裕所居的屋子，里面陈列着刘裕贫贱时给人当佣工使用的灯笼麻绳之类的东西，目的是让他的子孙们体念祖先创业的不易。待刘骏看见床头用土作障，墙壁上挂着葛

宋孝武帝刘骏像

草灯笼，麻绳做的拂，不禁鼻子发出嗤笑声。侍中袁卓有意讽谏刘骏，称赞高祖刘裕勤俭有德，刘骏不高兴地说："一个种田的，用这些东西已经算是奢侈了！"

行事荒诞

刘骏十分荒淫好色，无论亲疏贵贱的女子，只要略有姿色，刘骏就召进宫里纳为妃子。朝廷内外的命妇及宗室的女儿，免不了要去后宫朝拜太后。刘骏往往这个时候闯进去，看见漂亮的就让她侍寝，路太后过于溺爱自己的儿子，并不阻止。

叔父刘义宣的四个女儿从小就养在宫里，她们个个都是倾国倾城之貌，刘骏也不管三七二十一，竟一起全都召幸了，后来干脆将她们全都册封为嫔妃。这四个姐妹中的楚江郡主姿色过人，刘骏非常宠爱她，后来她生下了一个儿子，刘骏对她就更加宠爱了，册封她为淑仪。但她毕竟是自己的堂妹，说出去不好听，于是就冒充是殷琰家的女儿，被称为殷淑仪。

殷淑仪宠冠六宫，只可惜红颜薄命，不久得病身亡。刘骏难过得好像痛失双亲一样，他追封殷淑仪为贵妃。安葬时的礼仪排场比皇后还要隆重，送葬的就有几千人，公卿百官与后宫嫔妃都穿着孝服排队跟在灵棺后面。

刘骏还多次领着后妃和群臣到殷淑仪的坟墓前痛哭，并以哭的悲痛与否作为朝臣是否忠心的表现。秦郡太守刘德愿哭得捶胸顿足，全身都被鼻涕和泪水浸湿了，甚至差点哭得晕厥过去。刘骏看了非常开心，立刻封刘德愿为豫州刺史。还有个叫羊志的御医，刘骏让他哭殷淑仪，并说："只要你哭得伤心欲绝，就有重赏。"羊志果然就哭得泪如雨下，最后号啕大哭。有几次差点哭得背过气去。刘骏便赏赐给羊志很多金银珠宝。事后有人问羊志："你的眼泪怎么那么及时呢？"其实，当时刚巧羊志的儿子死了，他说："那天我只不过是痛哭我的儿子啊。"

刘骏虽然昏庸荒淫，但是诗文方面的造诣还是相当高的。他最宠爱的殷淑仪去世后，刘骏悲从中来，效仿汉武帝给李夫人写悼赋，自己写了一篇悼念殷淑仪的文章《伤宣贵妃拟汉武帝李夫人赋》，其中有"流律有终，心情无歇。徙倚云日，徘徊风月。"等句子，可以说字字悱恻缱绻，淋漓尽致，其情之浓，其意之真，足以让全天下的文人钦羡。可见刘骏其实也是个很深情的人。

自从殷淑仪去世后，刘骏逐渐变得抑郁忧愁，不能再亲自处理政事，殷淑仪死后不久，刘骏也病逝，享年三十五岁。

南朝陵墓石刻

借腹生子——刘彧

宋明帝刘彧是宋文帝刘义隆的第十一子，前废帝刘子业的叔叔。刘子业性情乖张暴戾，刘彧派人入宫刺杀前废帝，自立为帝。即位初期，用贤任能，四方皆服。统治后期，宠幸奸佞，奢侈荒淫，残忍好杀，宋王朝从此走向衰落。

诛杀宗室

刘彧很早母亲就去世了，他从小好读诗书，很有才华，后来被封为湘东王。他侄子刘子业做皇帝时，把肥胖的他关到了笼子里，封为猪王，每顿饭都让他像猪一样用嘴吞食食物，并且总是随意殴打他。后来刘子业被自己的近侍杀掉，跟刘彧一同被关的弟弟建安王刘休仁马上将刘彧拥立为皇帝。

刘彧原本是个性情温和敦厚的人，没想到当上皇帝后，却性情大变开始残杀宗室，首先是刘子勋，即刘骏的儿子。在刘彧登基的第二年，刘子勋在寻阳称帝，与刘彧分庭抗礼。最终刘彧获胜，将刘子勋斩首，接着又将兄长刘骏的其他儿子刘子元、刘子绥、刘子顼、刘子房、刘子仁、刘子真、刘子孟、刘子嗣、刘子产、刘子舆、刘子趋、刘子期、刘子悦全部赐死。

诛杀完侄子，刘彧又将屠刀转向了兄弟。刘彧听到八哥刘炜被部下拥立的消息后，先下诏免去刘炜的爵位，接着派人逼其自尽。后来又以打猎为名，派人将刘休祐打死。刘休若是刘彧的兄弟中年龄最小的，但是刘彧听说刘休若有至贵之相，便将其骗到京城后赐死了。

在所有的兄弟中，刘休仁与刘彧的关系最好，还一起被刘子业囚禁折磨，刘子业几次想要动手杀刘彧，都是刘休仁的机智解救了他。刘休仁持身谨慎，将刘彧扶上帝位后，发觉皇帝不想臣子权力过重，于是上书请求辞掉自己兼任的扬州刺史之职。刘休仁功劳很大，大家认为一旦皇帝归天，一定是建安王辅政，众望所归，这便引来了皇帝的猜忌。刘彧怕他将来夺自己儿子的大位，于是早早地就对自己这个最亲密的弟弟下手了。

一天，刘休仁应诏进宫，刘彧对他说："今晚你就住在尚书堂吧，明天早上我找你还有事，省着跑来跑去的了。"刘休仁丝毫没有怀疑，就住了下来。当天夜里，刘彧派人强灌毒药赐死。接着，刘彧下了一道诏书，宣布他的罪状：刘休仁勾结禁军，图谋叛乱，事情被揭发后，他自惭形秽，饮鸩自尽。

诛杀功臣

杀尽了亲人之后，刘彧的屠刀并没有放下，而是转向了功臣。寿寂之是帮助刘彧登上帝位的功臣，为人勇武，刘彧一直想找机会除掉他。终于有一次，寿寂之犯了个小错误，刘彧立马把他贬到越州，半路上又安排了杀手将其杀死，这才放心。一个曾经在平定刘子勋的战争中立过大功的将领吴喜预感到了自身的危险，上书要求辞去重要军职，改任中散大夫这样的闲职。可是即便如此，吴喜依旧难逃厄运，被刘彧毒杀。

刘彧杀人越来越多，猜忌心也越来越重。一天，刘彧梦见有人告发豫章太守刘愔要谋反。醒来后，刘彧不分青红皂白，直接命人到豫章杀死了刘愔。刘彧在位期间，清除了可能对皇权造成任何威胁的人。

刘彧最后把屠刀伸向了王皇后的哥哥王景文。刘彧认为，皇帝英年早逝，幼主即位，母后临朝，然后就会外戚专政，这是历朝历代遗留下来的通病。为了避免这个历史悲剧的发生，刘彧派人将王景文毒死。

宋明帝刘彧手迹

刘彧即位的第一年，立妻子王氏为皇后，王氏性格温柔贤淑，曾一度与刘彧相亲相爱。刘彧当上皇帝后，从民间选取了几百个嫔妃充入后宫，渐渐地将皇后冷淡了，王氏先后生了两个女儿，但是没有儿子，后宫的其他嫔妃也没有一个生下男孩的。

为了后继有人，刘彧想出了一个借种的办法。他在百官之中苦苦寻觅借种的对象，有个叫李道儿的人进入了他的视野。李道儿与刘彧关系密切，又年轻英俊，体格健壮，刘彧曾经问他："你有几个孩子？"李道儿回答："臣现在有十个男孩。"刘彧又问："你有几个妻妾？"李道儿答："一妻一妾。"刘彧听了非常羡慕，心里便选定了李道儿为借种之人。

李煜有个宠妾叫陈妙登，刘彧的哥哥孝武帝刘骏出行时，看见她家太穷，便赐钱三万让陈家重新盖房子。使者送钱过去的时候，只有陈妙登一个人在家，使者见她容貌秀美，便对孝武帝说了，于是孝武帝迎接陈妙登入宫，在路太后房内伺候。后来路

南朝宋明帝刘彧

太后劝孝武帝将陈妙登赐给了刘彧。

这天晚上，刘彧对陈妙登说："明天将你赐给李道儿，你愿意吗？"陈妙登大惊失色，急忙跪倒在地说："不知妾身犯何罪，陛下要将臣妾赐予他人。"一边说一边泪眼婆娑。

刘彧跟她说明了借腹生子一事，还说只要怀了孕，就立刻把她接回来。陈妙登说："妾虽然出身微贱，但是身体是陛下的。妾一旦失节，还有什么脸再回来见陛下？"

刘彧说："失节的事小，江山社稷事大，你不用多虑。假如生下男孩，我便立他为太子，你也好母以子贵。"

第二天，刘彧假装迁怒于陈妙登，将她赐给了李道儿，并且叮嘱她说："有了身孕就立刻让朕知道。"

陈妙登到了李道儿家，不到一个月便怀孕了。刘彧知道后大喜过望，急忙将陈妙登接了回来，然后找了个借口将李道儿赐死了。十月怀胎后，陈妙登生下了一个儿子，刘彧视如己出，取名慧震。

刘彧又担心儿子不能长大成人，便又想出了一个荒唐的主意。派人秘密地察访宗室诸王的姬妾中有没有孕妇，有的话就将孕妇接近宫里，等到孕妇生下了男孩，就杀了母亲留下孩子，让自己的妃子充当孩子的母亲。

刘彧晚年疾病缠身，特别迷信鬼神，说话和做事时忌讳很多，身边的人总有被他残杀迫害致死的，人人如履薄冰。刘彧三十四岁病逝。

有悖天理——刘子业

刘子业是南北朝时期南朝宋皇帝，是宋孝武帝刘骏的长子。刘子业因行为过于荒淫而被废，史称“前废帝”。

刘子业小的时候性格就张狂急躁，因他是嫡长子，所以很早就被立为了太子。当太子时就常常被父亲训斥，父亲西巡的时候，刘子业前去问候辞行，被查问到功课，由于书写得很不认真，被父亲责骂。刘子业跪地请罪，父亲说：“读书不长进，这已经是一条罪过了。听说你一向懒惰懈怠，脾气一天比一天暴躁，怎么会发展成了这个样子！”

父亲去世后，刚刚即位的刘子业一点也不悲伤，相反还露出了一丝笑容。刚开始登基的时候，刘子业还知道惧怕各大臣和戴法兴等人，后来杀了戴法兴后，大臣都被震慑住了，于是刘子业便开始肆无忌惮起来。

不尊孝道

一天，刘子业一时兴起，跑到了他从来都不愿踏入的祖庙。他环顾了一圈祖庙，竟然没有历代先王的绘像，便叫来了画师，让他们把先人的遗容都画了下来，然后挂在了祖庙里。随行的大臣和侍卫都以为自己听错了，他们都以为刘子业转了性子了，不然的话，一向不尊孝道的刘子业怎么突然对祖先感兴趣了，还要为他们画像。可是，大臣都猜错了，刘子业给祖宗画像只是为了侮辱他们。

画师把画完遗像之后，刘子业亲自入庙欣赏，他看了几位先祖的画像，并且全都做了点评。首先，他先走到了爷爷刘义隆面前，说："你算是一个大英雄，只可惜到了晚年，被儿子取了脑袋！"刘子业又走到父亲刘裕的画像前，说道："这个人最好色了，而且不择尊卑礼法。"接着刘子业转身质问画师："这老头是个酒糟鼻子，你怎么没有画上？"一般画师给帝王绘制画像时都会尽力把皇帝往好了画：有点啥缺陷的都适当予以删去，所以历代皇帝画像没有不英明神武的。

南朝时期的青瓷

身边的大臣和画师都听得一头雾水，虽说刘子业的评价都没有说错,但是这样评价自己的先祖,实在是太不敬了。画师赶紧把刘骏鼻子上的痘痘补了上去,刘子业看到后,非常开心,转身走了。

刘子业的母亲太后王氏不久之后,患了重病。太后知道自己的日子不多了,特别想见见这个宝贝儿子,便派人去召刘子业前来。刘子业对于自己的父亲没有亲情可言,对于一向疼爱自己的母亲也是丝毫没有感情。他摇头说:“听说病人的房间里有很多鬼藏着,我怎么能进去呢?”王太后听说之后大怒,对侍者说:“快给我取把刀来!我要剖开肚子看看,看看我怎么会生下这么一个好儿子！”王太后又气又病,没多久便去世了。

残害亲族

王太后死后,刘子业再也无所顾忌了,开始对自己的近亲大开杀戒。也许是由于自己父亲和大伯的皇位都是通过弑君而得,所以在刘子业幼小的心灵中就已经根深蒂固了一种思想，那就是近亲皇族才是自己皇位的最大威胁，所以刘子业想尽了各种办法,不断打压皇族。当然这种事几乎在历朝历代的每位君主身上都可能有，但是刘子业所用的惩治皇族的方法，会让你觉得，刘子业是中国历史上最最变态的皇帝。

刘骏在世的时候,非常喜欢小儿子刘子鸾。刘子业对此怀恨在心,即位后没多久便勒令刘子鸾自尽。刘子鸾是个年仅十岁的孩子，临死前对身边的人说:“希望我以后不要再投生到帝王家里。”刘子鸾的同母弟弟南海王刘子师及同胞妹妹,也一同被赐死了。

刘子业还将在外为王的叔父们都一起召回了京都，软禁在宫殿之中，一开始刘子业让侍卫对于这些王爷殴打凌辱，大臣们看在了眼里，却没有人敢管。后来刘子业想出了一个特别恶心的办法，来折磨自己的亲叔叔们。

诸王之中湘东王刘彧、建安王刘休仁、山阳王刘休祐因为平日里养尊处优，伙食又好，所以都养成了肥胖的身材。特别是刘彧胖到了一定的地步。所以，刘子业给他起了个外号叫“猪王”，而另外两个刘休仁称为“杀王”，刘休佑称为“贼王”。还有个东海王刘祎性子比较倔，平庸无才，所以给他起个外号叫“驴王”。

刘子业首先让人挖了个大坑，然后在坑中倒入水和泥巴，搅拌均匀后，命人把刘彧的衣服扒个精光，然后再把他扔进了大坑内。刘子业用木槽盛饭，里面搅入杂料，搅拌成猪食，让刘彧像猪一样用嘴在槽里边吃。

刘彧为了活命，只好过着猪一样的生活，刘子业以此取乐。可是就是遭受了这样的屈辱，刘子业还嫌不够，仍然想要杀掉三王，特别是那位猪王，想把他真的像猪一样地炖了。

幸亏建安王刘休仁，也就是那位“杀王”，多次献媚于刘子业，并建议刘子业在皇太子生日那天再吃“猪”下水也不迟，这样才保住了刘彧的性命。

刘子业一天夜里睡觉时，恍惚梦见一个女子，全身沾满了血污，指着刘子业一顿痛骂

刘子业像

道:“你好色荒淫,违背天理,看你是否能够活到明年?”刘子业一惊之下醒了,回忆梦中的情景,真实得就像在眼前一样。

第二天早上起来,他在宫中闲逛时,看见了一个宫女,面貌与梦中的女子有些相似,便命人将她处斩了。

这天夜里,他梦见被杀的宫女披头散发地前来,厉声厉色道:“我要杀了你!”说完,竟捧着自己的脑袋,来掷击刘子业,刘子业大叫一声,晕了过去。醒来后刘子业非常害怕,便带了男女巫士数百人,前往华林园中的竹林堂用弓箭杀鬼。

到了竹林堂的时候,天色已经昏暗下来了,先由巫师作法,做召鬼的样子,然后由刘子业射出三箭,再命侍从挨个轮流射箭。大家胡乱地射了一回,巫师等一起拜倒在地,说是鬼已经被收服了。刘子业万分高兴,便命张筵奏乐,庆祝鬼已被降服。

这时,拘禁在宫殿的湘东王刘彧,早已串通了主衣寿寂之、内监王道隆、学官令李道儿、直阁将军柳光世等人准备密谋杀死刘子业。

刘子业在竹林堂中,设了筵席,与谢贵嫔、山阴公主,一同入席欢饮,由宫女四下奏乐,很开心的样子。

忽然,有一群人持刀冲入,刘子业大惊失色,慌忙引弓搭箭,向来人射去。偏偏一箭落空,刘子业只好向后逃走,席上的人慌忙逃窜,刘子业一边逃走一边大喊大叫,结果被人一刀刺入背中,断送了性命。不久,湘东王刘彧即位,就是宋明帝。刘子业被草草地安葬了。

杀人成瘾——刘昱

刘昱，宋后废帝，南朝宋明帝的长子。刘昱幼时聪敏但是个性残暴，经常杀人，一日不杀人就郁郁不乐，而且刘昱喜怒无常，左右稍有不顺从他的，轻则挨一顿打，重则丧命，身边人人自危，后被随从杨玉夫杀害。

穷凶极恶

刘昱即位后，很喜欢出宫玩，每天不是早出晚归，就是晚出晨归，跟从的人手里全都拿着长矛或者大棒，路上看见行人或者牲畜立刻杀死，导致百姓人心惶惶，商贩大白天都不敢开门营业，街上的行人稀少，谁也不敢轻易出门。

南朝陵墓石刻

刘昱性喜杀人，一日不杀人就会很不开心。他专门命人制作了数十根铁棍，每一根都起了名字，需要哪根打人就用哪一根。另外，针、椎、凿、锯之类凶器也时刻不离左右。谁敢不听从命令，马上加以酷刑。他每天都得杀掉数十名犯人，对这些人施以击脑、剖心等酷刑并以此为乐，而一旦他的随从在施刑时面露不忍之色，刘昱就会亲自动手，杀掉这个随从。

宋后废帝刘昱像

刘昱还非常喜欢亲自动手杀人。有一次，一个叫孙超的亲信口中有蒜味，为了验证他吃过大蒜，刘昱让左右随从抓住孙超使之不能动弹，亲自用刀把孙超的肚子剖开查验看看他肚子里到底有没有大蒜。

刘昱行事荒唐、不拘礼法、残酷暴虐。阮佃夫与人密谋，打算废掉刘昱，拥立成安王刘准。没想到事情泄漏，刘昱将阮佃夫一伙逮捕，并将他们全部杀死。不久，有人告发杜幼文、沈勃、孙超之与阮佃夫是同谋，刘昱立即亲自率领士兵前往三家，施行屠杀，无一人幸免。

沈勃当时正在家中服丧，刘昱独自挥刀冲在最前面，提前赶到了沈勃的家，沈勃自知死期已到，不能免祸，气得用手扭住刘昱的耳朵唾骂道："你的罪已经超过了夏桀和商纣，没有一天不杀戮无辜的！"

刘昱大怒，一刀刺中沈勃，鲜血溅了一身，随后被刘昱砍死。

阮佃夫的亲信张羊逃亡在外，后来被逮捕送到宫中，刘昱杀性大起，不准左右随从帮忙，亲自驾车将其碾死。听着张羊的惨叫，他开心得手舞足蹈，左右随从也只得随他欢呼，谁敢有哀戚的神色，马上就会遭到杀身之祸。

刘昱即位后尊王贞凤为皇太后，生母陈贵妃为皇太妃。刘昱开始还惧怕王贞凤，等到举行加冕礼后，他就谁也不放在眼里了。一年的端午节，王太后赐给刘昱一把玉柄毛扇。刘昱看见后非但不感恩，反而认为扇子不够华丽，便开始对王太后心存不满。

一天，他让太医煮毒药，准备杀死王太后。随从见了，慌忙阻止他说："皇上如果毒死了太后，就有重孝在身，每日只能守在宫里，就不能到外面去玩了。"听到不能出去玩，刘昱这才放弃。

有一年夏天，刘昱带人偷偷闯进了将军府。将军萧道成正袒胸露腹地躺在床上睡觉。刘昱见他的肚脐孔很大，竟说："真是一个好箭靶子!"他命令萧道成站起来，在墙边站直，又用笔在萧道成的大肚子上画了个箭靶，弯弓搭箭瞄准就准备射去。

萧道成吓得一动也不敢动，连声叫道"老臣无罪！"幸亏卫护队长王天恩在一旁劝说道："萧将军肚子大，实在是一个好靶子。可是，如果今天一箭把他射死了，以后可就没有这么好的靶子

南朝陵墓石刻

了。不如用假箭练习，免得损伤靶子。”

刘昱听了，觉得很有道理，就换上一枝假箭，一箭正中肚脐，刘昱把弓箭扔在地上大笑道：“这技术怎么样？”萧道成从此忧心忡忡，担心不知何时会遭殃。

又有一天，刘昱在宫中亲自磨刀，一边磨一边自言自语：“明日就把萧道成杀掉。”因为萧道成自从平定了桂阳王刘休范的叛乱后，就逐渐掌握了朝中大政，刘昱虽然年龄不大，也知嫉恨萧道成的威名，想把他杀掉。

他的母亲陈太妃听说后，非常生气，把刘昱狠狠骂了一顿，说：“萧道成有功于社稷，你把他杀了，以后谁还敢再为你效力啊！”听了陈太妃的话，刘昱这才打消了杀萧道成的念头。

被手下斩杀

萧道成几次差点被杀掉，内心开始忧惧，便与袁粲、褚渊等几个大臣密谋废帝另立。越骑校尉王敬则也暗中投靠萧道成，受萧道成指派，联络了刘昱身边的杨玉夫、杨万年等十五人，预谋伺机起事。王敬则每天晚上穿着黑衣，为萧道成监视着刘昱的一切动静。这一切，刘昱全然不知，依然不分昼夜地四处游逛。

一天晚上，刘昱微服行至萧道成的大门前，左右有人建议：“萧府的人都睡着了，为什么不从墙上爬进去杀了他们？”刘昱回答说：“我今晚要到一个地方去玩，没有时间杀人，等明晚再说吧。”

这天晚上，刘昱来到城西的青园庵。青园庵里面住的全部是尼姑。皇帝突然到来，群尼慌忙跪下迎接。刘昱仔细了半天说：“都是秃子，真没劲。”

萧道成像

第二天，刘昱又在青园庵游玩了大半天，晚上的时候到新安寺偷了一只狗，然后去昙度道人那里把狗杀了煮熟，与众人吃肉饮酒，喝得酩酊大醉。

有一个叫杨玉夫的侍从本来很受刘昱的喜爱，出入都带着他，刘昱忽然没有理由地厌恶起他来，见到他就咬牙切齿地骂："明天就杀了你这个小子，取出肝脏和狗肉一起下酒吃。"

那天刚好是七夕，刘昱临睡前命令杨玉夫为他观察天空，等见到织女渡河时再叫醒他，并气哼哼地说："看见织女后马上叫醒我，若看不见，我就杀了你！"说完，倒头大睡。

杨玉夫听见这话，就知道自己活不成了，十分害怕。赶紧找到了他的朋友王敬则，王敬则一听也惊慌了一阵，随后他马上冷静下来，他见宫门皆已关闭，卫士们唯恐遇祸都躲得远远的，认为这是千载难逢的好时机，便悄悄地召集了平日被刘昱欺压侮辱的随从，趁刘昱熟睡之机，一刀捅了过去，把这个作恶多端的皇帝给杀了。

刘昱死后，萧道成以太后的名义下诏，历数他的罪行，特追封为苍梧郡王，史称刘昱为苍梧王或后废帝。

昏暴无能——萧宝卷

萧宝卷是南朝齐的第六代皇帝，齐明帝萧鸾之子。萧宝卷是中国历史上有名的暴君，即位后不理朝政，沉湎于酒色，宠幸佞臣，残暴荒诞，杀戮无辜，最后被萧衍推翻。

荒诞不羁

萧宝卷是萧鸾的次子，因长子萧宝义身有残疾，所以就册立萧宝卷为太子。但是萧宝卷从小就有口吃的毛病，又不喜欢读书，整天只知道嬉戏游玩，经常跟着侍卫一起捕捉老鼠。萧鸾对此并不放在心上，只是担心他心机不够，驾驭不了那些宗室权臣，于是给他遗言，让他要敢于杀人，不要先被人算计杀掉。萧宝卷把这句话牢牢记在了心上。

萧鸾去世后，萧宝卷继位。按规定，皇帝的灵位必须摆放一定的时间才可以下葬。但是萧鸾的棺材才摆放了几天，萧宝卷就厌烦起来，下令要把棺材埋掉。那些大臣急忙出来阻止，他才闷闷不乐地同意再摆放一个月。按照礼制，先皇驾崩，新皇应该痛哭流涕地表现一下，可是萧宝卷却找了个理由，说自己嗓子痛，哭不出来。

这个时候，有个叫羊阐的官员来拜祭，号啕大哭，不停叩首，把帽子都碰掉了。这个人没多少头发，帽子一落地，露出了锃亮的光头。萧宝卷一看，顿时捧腹大笑起来。

萧鸾下葬后，萧宝卷开始大肆玩闹，天天躲在宫中和宦官一起厮混。他的两个表叔，经常劝谏阻止他的胡作非为，让他十分心烦，于是他下令把两个表叔，即江佑、江祀两兄弟，杀掉了。

不久，他又在近臣的怂恿下杀了平定萧遥光之乱的功臣，紧接着又把父亲在位时的几个位高权重的老臣召进宫中，全部用毒酒赐死。这下子，满朝文武再也没人敢管萧宝卷了。

萧宝卷对朝政不感兴趣，他常常很早就睡觉，一直到第二天过了中午才起来，大臣朝见皇帝之日，他总是在傍晚才懒洋洋地到来，大臣全都在大殿上等待，看不见皇帝也不敢走，大臣的奏章都是有去无回，萧宝卷根本不会去看一眼。

杀戮无辜

萧宝卷不喜欢待在宫里，经常到宫外去游玩，一个月之中出外游玩的时间竟达二十几日之多，整个京城都被他游遍了。皇帝出巡是个大事，所到之处，要把百姓全部赶走，若是有违反命令的，就格杀勿论。

萧宝卷每次出巡，百姓们纷纷奔逃。不但不能走在

萧宝卷陵前石刻

路上冲撞皇帝，就是在屋里待着也不行，要躲到很远的地方才可以。那些有钱的人家因此造了很多宅子，免得被皇帝赶得无处可去。但是贫苦的百姓就惨了，躲得稍微慢些了，就被驱逐的武士们鞭打，死伤无数。

那些跟从皇帝的侍卫还会趁着驱赶百姓的时候，到有钱的人家去搜索财物，往往是抢劫一空。于是整个京城被弄得乌烟瘴气，百姓惶惶不可终日，大多逃往异地，京城几乎变成了一座空城。

但是萧宝卷根本就不考虑这些，他只想着自己开心。一次，他又出去闲逛，正好赶上有一家孕妇临产，无法回避。于是，萧宝卷带人闯了进去，大声怒斥："什么人胆敢抗命不回避？"那家人说孕妇就快要生了，无法行走，希望皇帝能够饶恕他们。

萧宝卷一看着孕妇圆鼓鼓的肚子，立马来了兴趣，让左右跟随的人猜测肚子里是男孩还是女孩。左右的人都说这得等孩子出生了才知道，可是萧宝卷却没有这个耐性，他立马拔出长剑，硬生生地把那个孕妇的肚子剖开了。

又有一次，萧宝卷去郊外的山上打猎，到了定林寺，一个和尚来不及躲开，藏在了草丛中，被他发现，他立刻勃然大怒，要杀了那个和尚，左右的人都劝他饶了那个和尚，皇帝却说："谁让他在草丛里藏着，你要是看到草丛中有猎物了，难道还不射吗？"于是命令手下万箭齐发，当场将那个和尚射死。

一次，皇帝又准备出去玩，走到宫门口时，突然所骑的马惊动起来，大臣趁机劝道："这是先帝发怒，不想让陛下出门游乐。"没想到萧宝卷居然大怒，下马拿着刀到处寻找，非要把萧鸾的鬼魂找出来砍了。当然，他什么也没找到，于是就用稻草扎成了萧鸾的样子，斩下了稻草人的脑袋，挂在城墙上，大摇大摆地出宫继续游玩去了。

萧宝卷登基之后，也从民间广选了不少美女，但都是一时新鲜。后来，有个叫潘玉儿的女子让萧宝卷神魂颠倒。

潘玉儿是个贫苦家庭出身的女子，父亲是个小商贩，她貌美如花、袅娜多姿、能歌善舞。但是被皇帝宠幸之后，她仗着萧宝卷的宠爱，穷奢极欲起来，她的吃穿用度都是稀世珍宝，宫中器皿都是金银玉器。

除了她自己过着奢侈无度的生活，她的家人也沾她的光胡作非为起来：她父亲仗着她的权势，和一帮小人勾结起来，凡是富裕的人家，都诬陷以大罪，把他们的家财搜刮一空。而且为了防止这些人日后报复，竟然把人家中所有的男丁统统杀死，如此目无王法，惹得朝中上下非议颇多，但是由于皇帝对潘玉儿的宠爱，谁也不敢多说一句。

潘玉儿像

萧宝卷和潘玉儿天天都在一起，每次外出，潘玉儿乘坐豪华的卧舆走在前面，萧宝卷就骑马跟在后面，像一个忠心耿耿的护卫。萧宝卷最喜欢到潘玉儿家里去，他自己亲自跑到井边打水，帮厨子做饭打杂，这些经历让他无拘无束，觉得自在极了。

为了哄潘玉儿开心，萧宝卷在皇宫中设立了一个市场。潘玉儿本是商贩的女儿，对做买卖很精通。萧宝卷让宫中的宦官装作商贩，让潘玉儿来做维持市场秩序的管理员，负责管理纠纷，不遵守秩序的就会受到惩处。而他自己则去做潘玉儿的副手，帮助潘玉儿处理纠纷。他还开了个肉铺，亲自持刀卖肉，让潘玉儿在一旁卖酒，经营起夫妻店来。为了真实地再现市井生活，萧宝卷动用了上千个宫人。

萧宝卷陵前石刻

后来，潘玉儿给萧宝卷生了一个女儿，可惜孩子只生下来几天就死了。当初父亲萧鸾死的时候，他一点都不伤心，这回女儿死了，萧宝卷伤心得大哭，只穿粗布衣服、吃素菜，一个多月都没有饮酒作乐。

为了安慰潘玉儿，萧宝卷决定大建宫室。特地为潘玉儿修建了神仙、永寿、玉寿三座宫殿，装饰得比一般的宫殿豪华得多。萧宝卷搜尽了一切宝藏，只为了让潘玉儿的宫殿更加富丽堂皇，金银玉器用的数不胜数，最后甚至把古代文物上和佛寺里面的金玉都拿来装饰潘玉儿的宫殿了。

他还下令在潘妃宫中正殿的地面贴满了莲花状的金砖，让潘妃在上面慢慢地一步一步行走。潘妃慢慢移动，脚下的莲花熠熠生辉。萧宝卷在一旁观赏潘妃美妙的步姿，赞美说："美极了！你每走一步，步步都生出一朵莲花！"如此大费周章，耗费的金钱宝物无数，使得多年积攒的国库空空如也。于是萧宝卷就到处搜刮，多方征收，命令那些富户不管有多少金子，统统都要以特别低的收购价卖给皇上；后来，更是连这特别低的收购价都不愿意给了。

至于普通百姓，更是被繁重的赋税和无偿的徭役双重大山压着。由于萧宝卷催促得急迫，那些负责采买的衙门却常常经费短缺，最后竟公然到市场上抢了起来。于是弄得怨声载道，民不聊生。

萧宝卷的奢侈腐靡、荒淫暴政，最终引起了萧衍的起兵叛乱。萧衍的大军一路势如破竹，不久就把京城团团围住。萧宝卷对这场战争估计失误，他认为一定能够打退萧衍，便只准备了一百天的战略物资，他又把监狱里的囚犯放出来，发给兵器充当守城军士，但是监狱里的囚犯只是一群乌合之众，根本无法抵挡萧衍训练有素的大军。再加上萧宝卷平时的所作所为，大家都不愿意替他卖命。于是不久，守城的军队就被打得大败，萧衍率军攻入了京城，萧宝卷只好退守到宫城中躲起来。

本来士气就低落，一向大手大脚的皇帝突然变得小气起来，他的宠臣恳请他拿出财物来赏赐给将士，以便将士可以死心塌地为他效命，他却说："反贼来只是要我一个人的命吗？为什么只找我要东西？"皇宫中放着数百张大木片，将士想拿去加固城防，萧宝卷却舍不得，竟下令不给。

在前方战事正酣之时，他还催促着赶制了三百人的仪仗，准备在萧衍退兵的庆功宴上给仪仗队用，又拿出了大量的金银财宝来装饰仪仗的铠甲。守卫皇宫的将士知道这个消息，更加愤怒了，谁也不想再替这个荒淫无耻的皇帝卖命了。

这时，皇帝又听信了宠臣的谗言，打算把守城失败的大将王国珍杀掉。没想到这个消息让王国珍知道了，他心灰意冷，暗地里与萧衍取得了联系，又串通了宫内的宦官和卫士，打算放叛军入宫。

一天晚上，萧宝卷从歌舞宴会上回来，正准备休息，忽然听到一片喊杀之声。于是，他翻身跳起，准备逃走。这时，叛军已经赶上来，萧宝卷被身边宦官杀死，首级被献给了萧衍。

萧衍入城后，认为萧宝卷的行径实在是天怒人怨，不配为君，便废了他的帝号，称为东昏侯。萧衍把萧宝卷生前宠幸的一帮奸臣全部处死，同时将潘玉儿赐给了手下的将领，潘玉儿不肯顺从，自缢而亡。

萧宝卷陵前石刻

暴虐无度——高洋

高洋是南北朝时期北齐政权的开国皇帝。他是东魏权臣、北齐神武皇帝高欢的次子、文襄皇帝高澄的同母弟弟。相貌奇特，沉默寡言。在位初期能够励精图治，勤于政事，攘外安内，后来神智昏乱，猜忌残暴，杀人如麻，饮酒无节制，最后因饮酒过度无法饮食，年仅三十岁就去世了。

高欢曾为了考察几个儿子的办事能力，让他们各自整理一堆乱丝，兄弟几个有的抓耳挠腮，有的沉默不语站在一边静静地整理，只有高洋一个人独自抽出刀来将乱丝斩断，说："乱，就应该砍断。"

高欢赞许地点了点头，认为他很有决断力。为了考验儿子们的胆识，高欢命令手下彭乐假装刺杀他们，兄弟几个人吓坏了，胆小的还被吓哭了，高洋却临危不惧，从容不迫地组织起兄弟几个，与彭乐对阵。彭乐渐渐招架不住了，便去掉头盔，讲明了实情，高洋还是把他抓起来交给了高欢。高欢从此对高洋另眼相看，并且曾对人说："这个儿子很有胆识谋略，甚至超过了我。"

高洋是个会测字的皇帝，他测字的能力已经到了出神入化、令人简直难以置信的程度。高洋建立北齐时，要给自己创建的王朝起个大吉大利的年号，他让大臣们商议一下。有人提议叫天保，让老天爷保佑北齐国祚万年，众人齐声叫好。

高洋却说道："好是好，可这'天保'两个字拆开来不就是'一大人只十'吗？你们是说我在位只有十年啊。"高洋一向喜怒无常，残酷暴虐，经常以杀人为乐，左右大臣无故惨遭屠杀的有很多人。

听到高洋这么说，众大臣都吓出一身冷汗，赶紧跪地求饶，谁知高洋却哈哈大笑说："不碍事，就算只有十年，也是天意，不怪你们。我能当十年的皇帝，就心满意足了。"神奇的是，高洋真的只当了十年的皇帝。

有一年，高洋带着皇后李祖娥上泰山，在岱庙的天贶殿向老道问卦。高洋问："你看我能做多少年的天子？"老道毫不犹豫地说："三十。"高洋转身对皇后说："看吧，老道也说我只能当十年的皇帝。"

皇后迷惑地说："老道说的不是三十吗？"高洋解释说："这个三十是指十年十月十日，三个十加起来不就是三十吗？后来，高洋果真在天保十年十月得了暴病，无法下咽，于是饿了三天，在十日这一天病逝了。

侯景在梁朝作乱失败后，传国玉玺几经辗转落到了高洋的手中。一天，高洋对大臣们说："你们想想侯景既然已经得到了传国玉玺，为什么结果还是保不住天子的宝座呢？"众臣面面相觑，回答不出来。

高洋点破说："侯景曾经对他的部下说过，他侯姓的人字旁不是作人看，要作人主看。没错，侯景确实是当上了天子，可是他忘了要把姓和名连在一起看才行，侯景两个字拆开来就是'小人百日天子’。所以他的屁股还没在宝座上坐热就被赶下台了。我算了一下，他从篡位成功到兵败，刚好在皇宫中住满了百日。”众臣听了，都非常钦佩高洋的测字能力。

杀人为乐

高洋执政后期，几乎天天在宫中喝酒，他在金銮殿上放了一口锅和一把锯，只要喝醉了酒，必须杀人才能满足。而他从早到晚一直都在喝醉，所以他也必须从早到晚不停地杀人。身边的宫女宦官和亲信大臣每天都有人因为他的盛怒而惨死。

于是司法部门想了个办法，把已经判了死刑的囚犯，送到皇宫中，让高洋杀。后来因为杀得实在太多，连死囚也供应不上了，大臣们只好把牢房里正在审讯中的被告拿来充数，称作“供御囚”。高洋甚至在出巡时，供御囚也要跟在高洋的后面，只要有幸三个月不死，就可以无罪释放了。

北齐高洋墓文物

高洋小的时候，宰相高隆之曾经对他不太礼貌，现在想起前仇旧恨，高洋报复心起，下令把高隆之杀掉，又把高隆之的二十多个儿子全部抓起来，一起处斩了。

高洋的侄女乐安公主嫁给了尚书右仆射崔暹的儿子。

一次公主回宫探亲，高洋问及公主的婚后生活，公主回答说:“一家人都很尊重我,只有婆婆不怎么喜欢我。”恰好当时崔暹因病去世,高洋便直接跑到了崔暹家中,问崔暹的妻子李氏是否想念刚刚去世的丈夫。

李氏回答说:“做了这么多年的夫妻,怎么会不想念呢。”高洋听了之后,一下抽出了随身的佩刀,说:“既然那么想念,那你就一起去陪他好了。”说完便一刀砍下了李氏的头,扔到了墙外。

高洋非常宠爱歌妓出身的薛贵嫔,但是又跟她的姐姐私通。有一天,高洋到她姐姐家吃饭,姐姐仗着高洋的宠爱,便请求高洋给他父亲司徒的官职,高洋大怒,说:“司徒是朝廷中的高官要职,是你说想要就能给的吗?”说完,便亲自动手用锯子将她锯死了。

喝醉了酒的高洋还经常会干出一些匪夷所思的事情。有一次,他在自己身上涂满了女人的胭脂水粉,挑选了几百个宫女和卫士，一丝不挂地排成队伍去闹市游行。又有一次他在鹰台设宴,这台上建有三层楼,高十几丈,高洋喝醉了便一个人爬到了房脊上,来回走动,高兴了还踏着节拍跳舞。

跳着跳着他突然想起薛贵嫔原来是清河王高岳的女人，现在也许还在藕断丝连，便从房顶上冲了下来，赐了一杯毒酒给高岳,然后又跑进后宫把薛贵嫔用锯子锯成了三节,接着又砍下了薛贵嫔的头,把血淋淋的人头藏到了怀里来宴请群臣,在宴会高潮时,突然把薛贵嫔的头掏出来抛到了桌子上,席上众人都大惊失色、呕吐不止。

高洋又把薛贵嫔的尸体肢解了，用腿骨做成了一面琵琶，自弹自唱道："佳人难再得。"出葬的时候，高洋跟随在灵棺后面，号啕大哭。

六亲不认

高洋凶性大发时，六亲不认。有一次，他的母亲因为规劝他不要随便杀人而惹恼了他，他就一把掀翻了他母亲娄太后坐的小矮凳，让他的母亲跌伤了。又有一次他不知因为什么大发脾气而宣扬要把母亲嫁给鲜卑奴隶。

一次喝醉酒后，高洋闯进了岳母家中，见岳母对他一副不理不睬的样子，顿起无名之火。他从随从手里拿过弓箭，一箭射中了岳母的脸，并对流血不止的岳母说："母亲我都打过，但是还没有打过你，为了公平起见，我还要打你一顿才好。"于是，他命令手下抽了岳母一百马鞭之后才作罢。

北齐高洋墓文物

高洋的弟弟高演见他哥哥的所作所为

实在令人发指，就劝了劝他，高洋非但不听，还下令左右随从将弟弟按倒，自己拿着棍子一顿乱打，打着打着他便醉得不省人事了，这样高演才捡回了一条命。

高洋更是把平日经常规劝他的两个弟弟高浚和高涣，囚禁到了地窖铁笼之中，高洋亲自到铁牢去看他们，用铁矛不断地向二人身上猛刺，并命令卫士一起刺下去，两个弟弟用手抓住铁矛挣扎、哀求不止、哭声震天，不久就被刺成了肉酱。最后，连同铁笼，一齐被烧毁。

高洋还做过一件令人发指的事，他把北魏帝国的元姓皇族，全部屠杀殆尽，就连出生不久的婴儿也被抛到空中，用铁矛一一刺穿。

三十岁的时候，高洋因为纵欲外加饮酒过度，已经无法下咽，每天仍然只靠喝几碗酒度日，最后终于死在昏醉之中。

北齐高洋墓

凶虐残暴——高湛

高湛是北齐第四任皇帝，高欢的第九子，孝昭帝高演的同母弟弟。公元561年，受遗诏即位。在位期间，残害宗室，大杀功臣，最后因酒色过度而死。

高湛小的时候长得比较英俊帅气，很受父亲高欢的喜爱。曾与兄长常山王高演一起策划诛杀杨愔等人，废杀皇帝侄子高殷。高演继位后，高湛升为右丞相，权倾朝野。没过多久，高演身患重病，高湛与族侄高元海及族叔祖高归彦等人密议，准备发兵篡位。后因巫师卜卦说不利举事，高湛才没有行动。

高演临死前为了保全自己的儿子高百年，决定传位给高湛，希望通过这个举动，能保住儿子的生命。高演驾崩后，高湛继承帝位，是为武成帝。

残害宗室

文宣帝高洋在位时，囚禁了自己的弟弟永安王高浚和上党王高涣。高洋到监狱中，命令高浚与高涣唱歌，高浚与高涣便唱了他们兄弟曾经一块游戏时的歌曲，高洋听了很有触动，想要赦免他们俩。当时还是长广王的高湛因与高浚素来不和，便趁机说道："猛兽怎么可以放出笼子。"高洋沉默不语了。高浚大呼："高湛，老天爷在看着你呢！"后来，高浚与高涣同时遇害。

高湛刚即位没多久的时候，就把拥立他有功的族叔祖高归彦贬到冀州做了刺史。高归彦愤怒不平，不久在冀州造反，高湛派大军征讨，擒获高归彦及其子孙，将他们全部杀害。

高湛对高演的皇后李祖娥垂涎三尺，遭到了李祖娥的抗拒，高湛威胁她说："如果你敢不从，我就马上杀了你的儿子。"李皇后因害怕儿子被害，无奈只得答应他，从此颇受宠爱。

不久，李祖娥怀孕了，儿子太原王高绍德到她的宫殿请安，她托词不见，高绍德怒言："母后您怀孕了，我知道这事，你是因为这个所以才不见儿子的吧。"李皇后羞愧不已，等到生下女儿后，竟亲手将她杀死。

高湛见女儿被害，怒不可遏，命人将高绍德捉到宫里，举刀大吼："你杀我的女儿，我就杀你的儿子！"高绍德惊慌求饶，高湛又骂高绍德："想当年我被你父亲毒打，你也没来救过我！"一边说一边用刀柄猛击亲侄子的后脑，把高绍德活活敲死。

李祖娥大哭着阻拦，高湛更加恼怒，又鞭打李祖娥，将她装在绢袋里，扔在宫渠之中，随水漂流。李祖娥差点被淹死，苏醒之后，被送到妙胜寺出家为尼姑。

高湛大哥高澄的长子河南王高孝瑜，因谏劝胡皇后不应该和做臣子的和士开一起玩"握槊"的游戏，又说赵郡王高叡的父亲高琛因犯罪被处死，不应和他太亲近。和士开、高叡便在高湛面前对高孝瑜加以诋毁。高湛暴怒，在一次酒席上让高孝瑜喝了三十七大杯酒，又让人在高孝瑜回家的路上给他灌了毒酒。高孝瑜烦闷燥热，痛苦至极，投水溺亡。

高孝瑜的三弟河间王高孝琬，是高澄的嫡子，听说大哥被毒害死，心里愤恨不已，扎了个草人天天用箭来射，以泄心中的怨愤。和士开听说后，又对高湛说："听说高孝琬因为怨恨您杀了他的大哥，天天在家用箭射草人来泄愤！"

高孝琬一个失宠的姬妾又诬陷说："孝琬画了一幅陛下的肖像每天晚上都对着画像咬牙切齿地哭泣。"实际上，那幅图中画的是高孝琬的生父高澄，儿子思念父亲，每每对之流泪，是人之常情，说是咬牙切齿，那则是子虚乌有的事。然而，高湛却不分

北齐时期佛像

青红皂白地把高孝琬抓进了宫中，派卫士用鞭子抽击高孝琬。高孝琬看见高湛坐在上座观刑，大叫：“叔叔”。高湛更生气，便问：“谁是你叔叔？你怎么敢称呼我为叔叔？”

高孝琬是个脾气倔强的人，不仅不改口称“陛下”，反而赌气说道：“我是神武皇帝的嫡孙，文襄皇帝的嫡子，魏孝静皇帝的外甥，为什么不能叫你一声叔叔呢？”高湛闻言暴起，亲自用大棒击碎了这位侄子两条腿的胫骨，高孝琬活活痛死了。

有个叫贾德胄的儒生教高百年书法，高百年曾描写过数个“敕”字，书法老师偷偷藏起这些描画的字，秘密地报告了高湛。这下惹恼了高湛，“敕”字在古代是只允许皇帝亲写的字，高湛抓住了这个借口，传召侄子入宫。

高百年入宫前，知道自己凶多吉少，就与自己的王妃斛律氏辞别，割下随身佩戴的玉玦以作忆念。入宫之后，见高湛高高在上地坐着，脸色阴沉地让高百年写几个“敕”字。验看之后，与贾德胄上呈的“敕”字字体相同。

盛怒之下，高湛重拍桌案，命令武士数人对这个侄子拳打脚踢，打得高百年口中狂吐鲜血，倒在地上，奄奄一息。高湛毫不心软，让人揪住高百年的头发在地上拖拽，后面卫士不停用大棒击打，满地都是鲜血。将死之际，高百年哀求道：“叔叔饶命，我愿给您作奴仆。”

高湛从座位上站起身，亲手当胸给了高百年一刀，然后一脚将他踢入池中，池水全都染红了。高湛还怕这位旧太子不死，又亲自来到后园看人掩埋尸体。高百年王妃斛律氏听说了夫君的死讯，手里紧攥玉玦，整天痛苦不已，再不肯吃饭，没几天就绝食而亡，临死时手里仍然紧握那个玉玦。

宠幸佞臣

在高湛的朝廷之中，最受宠信的就是侍中和士开了。这个和士开的先祖本是西域胡商，后来渐渐定居中原。高湛当王爷时爱玩握槊，和士开也擅长，于是两人便成了要好的朋友。当时，和士开奉承高湛说："殿下不是天人，是天帝。"

高湛回道："你也不是世人，是世神。"当上皇帝后，高湛每时每刻都要与和士开见面。和士开曾经谏劝高湛："从古至今的帝王，全都化为了尘土，像尧舜这样的贤君，和夏桀商纣这样的昏君，死后又有什么分别呢？陛下应该珍惜现在的青春，恣意玩乐，一日的快活可以敌过一千年。国事完全可以吩咐大臣去做，何必自己劳心费神呢？"

高湛听后很高兴，果然从此以后，三四天才上一次朝摆摆样子，上朝时也只是签几个字，然后便返回后宫继续玩乐。

北齐时期佛像

高湛对和士开的宠爱日益增加，前后给他的赏赐，多得数不过来。

高湛的昏暴荒淫，造成了北齐的政权紊乱，朝廷内外对和士开等奸臣恨之入骨。和士开心里明白，现在自己还能风光无限、高人一等，是因为高湛还在世，一旦高湛驾崩，自己是死是活，很难预料。和士开考虑了很久，苦无良策。

一天，和士开身边的一个人对

他说:“自古以来，还没有哪个大臣所受的天恩像您得到的这样多,可谓独一无二,但您想过没有,一旦陛下去世,您还能保住今天的地位吗? ”这句话正中了和士开的下怀,他连忙问怎么办才好。

那个人说:“你应该这样劝谏皇上,高澄、高洋、高演的儿子都没能当成皇帝,高殷虽然当了几天,结果还是皇位不保。陛下为何不趁正值壮年之时,早立太子为帝呢?这样太子的皇位就可以固若金汤,万无一失了。”

他接着对和士开说:“太子高纬当上皇帝后，他们父子都会感激我们的,即使老皇帝去世,我们的将来也和现在一样,仍然可以过快活的日子。”和士开听后非常高兴,认为这个办法可行。

有一天,天空出现彗星,和士开怂恿太史官上奏说:“彗星出现,是上天要求天子除旧布新的征兆,天下应该更换主位,这样才能保住皇基不变”。

和士开接着劝谏说:“陛下虽然贵为天子，但是跟人间最尊贵的地位——太上皇，还差一步之遥。陛下应该早让太子登皇位,这样才可以顺应天命,稳固江山。”

和士开又把禅位后的各种好处一一陈列了一遍，高湛特别害怕高殷和高百年的惨剧会再次降临到自己儿子的头上，所以最后他也同意禅位。就这样,高湛传位给了自己的太子高纬,自称“太上皇”。

四年后,过度沉迷于酒色的高湛病重逝世,享年三十二岁。

无愁天子——高纬

北齐后主高纬，是南北朝时北齐的第五位皇帝。父亲是武成帝高湛，母亲为胡皇后。传说胡皇后曾梦见坐着玉盆在海上漂荡，太阳钻入了裙中，于是便怀孕生下了他。高纬小时候容貌长得很俊美，很受父亲的宠爱，被立为继承人。在位期间朝政败坏，性好奢侈，大起宫殿楼台，杀害宗室大臣，后被北周所灭。

昏庸不堪

高纬有个奶妈，名叫陆令萱，她的丈夫因犯谋叛罪被处死刑，陆令萱沦为皇宫女仆，负责喂养高纬。陆令萱看准了身为太子的高纬终有一天会黄袍加身。因此，她当奶妈不久，便施展手段，不断地讨

北齐后主高纬时期画作

好胡太后，结党营私，谋取私利。

高纬登基后，封陆令萱为女侍中。于是，陆令萱等一伙奸佞小人把持了朝政。朝政日益腐败，贪污受贿之风盛行，已经处于风雨飘摇之中的北齐政权犹如雪上加霜。

高纬是个不学无术，不务正业的昏庸皇帝。他整天和后妃、宫女在一起胡闹，每天只知道吃喝玩乐，十天半个月不上一次朝。要是有大臣劝谏他勤于政事，那么轻则被罢官、重则被杀头。那些溜须拍马的人，有的四处为他搜集美女，有的为他修建富丽堂皇的宫殿，供他游乐。这样的人反而都得到了他的提拔和重用。他在位不到十年，建了十二座宫殿，每座宫殿都是雕梁画栋、巧夺天工，比都城更加奢华富丽。对宫内的珍宝他往往是早

北齐瓷器

上爱不释手，晚上便弃如敝屣。

高纬曾在晋阳的两座山上雕凿了两座大佛，叫工匠日夜赶工，晚上则用油作燃料，一夜之间数万盒油同时燃烧，几十里内光照如昼。高纬的牛、马、狗、鸡的地位和大臣一样，他的爱马被封为赤彪仪同、逍遥郡君、凌霄郡君，斗鸡的爵号有开府斗鸡、郡君斗鸡等。

齐国到高纬时期已是朝纲紊乱、民生凋零、徭役繁重、国力空虚。可是高纬根本就不把这一切放在心上，他常常谱曲，拿起琵琶，自弹自唱，自称“无愁天子”。宫内近千名太监、奴婢一齐伴唱，整个皇宫歌舞缭绕，一片太平盛世的景象。

残杀功臣

高纬性格懦弱，与他的先人相比，荒淫有余，残暴稍次之，不过杀起自己的亲人来，也毫不含糊。他的亲弟弟琅邪王高俨很受父亲高湛宠爱，宠臣和士开在后主面前进谗言，解除了高俨的兵权，高俨假传圣旨，将和士开杀了，随后他的手下便拥逼他去杀后主高纬，后被德高望重的左丞相斛律光巧妙地化解了。可是高纬并不打算放过自己这个胆大妄为的亲弟弟。他亲自用弓箭射杀了高俨的手下，肢解曝尸，以泄怨气。

胡太后知道高纬对高俨起了杀心，为了保护高俨，便把他藏在自己宫内，高俨每次吃饭前，太后都要亲口尝试，就怕高纬投毒。几个月后，高纬趁胡太后睡觉时，将高俨骗到自己的宫里砍了头。高俨的四个遗腹子也都在生下来后被杀死。

左丞相斛律光一门上下自他的父亲斛律金起就一直忠心于高氏。斛律光位高权重，一生为北齐打过无数场仗，又帮助高纬坐稳了帝座，他为人刚正不阿，不善于结交高纬的宠臣穆提婆（陆令萱之子）和祖珽。这两个人是奸佞小人，同时向后主高纬进谗言，说斛律光有谋反之心，劝高纬杀掉他。

高纬不敢诛杀朝廷重臣。祖珽给他出主意："赏赐斛律光一匹马，说明天一起游猎东山，他一定前来谢恩。"果然如他所言，斛律光来到了凉风堂，高纬的卫士从后面猛击他的后脑，斛律光没有倒地，回头说："我就算是死也不会做对不起国家和皇帝的事。"于是，三个大力士用弓弦勒住了不做丝毫抵抗的斛律光脖子上，勒死了一代名将。

高澄有六个儿子，第四子是兰陵王高长恭。高长恭胆略超群，骁勇善战，因为容貌俊美柔善，在战场上对阵时，他经常会受到敌手的轻蔑。为此，他不得不命人制作了一些面目狰狞的面具，每逢出战时，都戴在脸上，以此达到威慑敌人的目的。

后主高纬有一次问他："你每次打仗都深入敌阵，一旦失利的话后退也来不及了啊。"

兰陵王回答："心中只记挂家事，不知不觉就冲了进去。"本来是一句彰显忠心的话，可是后主高纬却开始猜忌起拥有兵权的高长恭是否要取而代之，将"国事"变成"家事"。

兰陵王深知说错了话，为人行事更加低调，可是这并没有躲过宿命的追杀。一天，后主高纬派使者看望生病的兰陵王，并送来了一杯毒酒。兰陵王悲愤至极，将毒酒一饮而尽。

高纬有位宠妃叫冯小怜，聪明伶俐，相貌动人，能歌善舞，被高纬封为淑妃。高纬与她形影不离，常发愿死生一处。就算是在周军攻入北齐之时，后主勉强亲征，竟然也带着她四处游走。

周朝军队猛攻晋州之时，高纬正带着冯淑妃在附近打猎，听说周军来攻，便有点心慌，想马上回宫，冯淑妃撒娇着让高纬再陪她玩一会儿，高纬欣然答应，把国难暂时抛到了脑后。等到冯淑妃玩得尽兴时，晋州已被周军攻破。

晋州陷落几天以后，高纬才派遣大将安吐根率军收复晋州。安吐根叫部下在城外深挖地道通向晋州城。不几日，地道就已经通到了晋州城内。城墙塌垮下来，将士正准备攻城夺回晋州，高纬忽然下令停止进攻，说冯淑妃想进地道玩玩。

北齐士兵只好严阵以待等待冯淑妃前来观赏之后再进攻，这反而为北周赢得了时间。

北齐瓷器

周武帝率领了八万援军赶到晋州城外。高纬一看打算逃跑，安吐根等将领劝阻高纬切忌临阵脱逃，并开始率军向北周反攻，北周拼力相抗，北齐大军往后退了半里。高纬和冯淑妃骑着马在后面观战。忽然看见士兵略有退却，冯淑妃吓得花容失色，赶紧对高纬说："我们的军队败了，快逃吧！"

奸臣穆提婆也在旁边推波助澜："皇上快走，情况不妙。"

手下将领奚长拉住高纬的马说："进进退退是兵家作战的计谋，现在我们全军并没有受损，陛下应该留下来督战，若是陛下马蹄一动，军心便会大乱，士气受到影响，一发而不可收，还望陛下三思。"

穆提婆悄悄地说："这话不可相信，我军明明已经败退了，我看陛下还是早走的好。"听穆提婆这样一怂恿，高纬心里大惊，仓皇向北逃去。

逃跑途中，高纬忽发奇想，让太监化妆回晋阳取皇后的服饰，封冯小怜为左皇后，在逃跑途中让小怜穿上皇后的礼服，反复观瞧欣赏后接着奔逃。齐军将士一看皇上已逃，顿时军心涣散，大败而逃，被杀了上万人。

高纬一看大势已去，也想逃避责任，学他父亲高湛的样子，匆匆禅位给他八岁的长子高恒，自称太上皇。

高纬心虚，周军还未攻城，他就带着妻儿老小逃往青州。北周军队一路追赶，最终将高纬等人俘获。高纬等人被掳至长安，封为温公。

半年之后，周朝为绝后患，称高纬谋反，将他连同宗族中很多人一同被赐死。

放荡挥霍——杨广

隋炀帝杨广是隋朝第二代皇帝。他是一个绝顶聪明的人，在政治斗争中赢得了帝位。即位后，他骄奢淫逸，好大喜功，耗费民力财力，造成天下大乱，最后被部下缢杀。

隋王朝的开国皇帝杨坚统一了长期处于分裂和混乱的中原地区，这是他精明能干的最好证明。他深知江山来之不易，因此也就格外注重继承人的问题。

隋炀帝杨广创意像

杨坚有五个儿子，全是妻子独孤皇后所生，其中长子杨勇是合理的法定继承人，被立为皇太子，次子杨广聪明好学，有勇有谋，立下了卓著的军功，因而深受其父杨坚的宠爱。杨广野心极具膨胀,不久便把眼睛瞄准了皇位。

独孤皇后最不喜欢男人有姬妾,偏偏杨勇姬妾成群,杨坚最讨厌大臣奢华浪费,杨勇偏偏喜欢铺张奢侈,通宵达旦地歌舞笙箫。杨广利用这些问题,博得了父母的青睐。

父母亲喜欢什么样的, 杨广就把自己粉饰成什么样。隋文帝夫妇每派人到儿子那里, 杨勇只把他们当仆人看待, 杨广则把他们敬如上宾, 总是和妻子一齐站在门口恭敬地迎接, 临走时还不停地嘘寒问暖,并送以厚礼。

于是隋文帝夫妇耳边听到的全是对杨广的赞美声。杨广出镇江都,每次入朝向隋文帝夫妇辞行, 都作伤心留恋状泪如雨下,依依不舍。杨广心计很深,待人接物谦虚恭谨,尤其善于结交政府官员,对杨坚最信任的宰相杨素更是下足了本钱。

在这样一个精明又工于心计的对手面前,杨勇很快败下阵来,最后背上了“谋反”的罪名, 被盛怒的隋文帝废为庶

隋炀帝杨广像

民， 囚禁在深宫之中。杨广则如愿以偿地当上了皇太子。

弑父登基

杨广当上太子之后的第四年，对皇位便有点迫不及待了。这一年，杨坚在仁寿宫避暑，却在行宫一病不起。皇太子杨广入宫侍奉，望着病榻上气息奄奄的父皇，杨广考虑如果文帝去世，必须预先做好准备措施，就写信给杨素，询问如何处理文帝的后事。不料送信人却误将杨素的回信送交到了杨坚的手上。

杨坚看后大怒，马上派人宣杨广入宫，要当面责问他。不料此时，宣华夫人陈氏衣衫不整地从外面跑进来，哭诉杨广无礼，杨坚大怒，急忙命人传大臣柳述、元岩草拟诏书，要废黜杨广，重立杨勇为太子。不想杨广得到了消息，施了些手段。不久，隋文帝崩逝。

之后，杨广做的第一件事就是找他漂亮的庶母陈氏；第二件事就是派人奔赴长安把他那已经被罢黜的哥哥杨勇杀掉，而后给父亲发丧，在文武百官高呼“万岁”声中如愿以偿地坐上了皇帝的宝座。

相传，隋朝时扬州曾出现了一种绮丽神奇的花，名叫琼花。隋炀帝知道后，急切地要到扬州去欣赏。因长安、洛阳到扬州的路途遥远，那时陆路交通又很不方便，他就发动数百万民工开通了一条大运河。

隋炀帝乘着龙舟一路从洛阳直通扬州，龙舟有四层楼高，一百多个房间，还有宽敞的大殿。但是到扬州后，他并没有看到琼花。原来据说此花颇通人性，它也很讨厌这个暴虐的君主，不想见到他,所以自行败落了。隋炀帝失望至极。

炀帝暴政

杨广即位后,便迫不及待地把都城从长安迁往洛阳。他征调了民夫二百万人,扩建洛阳城和洛阳宫。在洛阳西郊兴建“西苑”,内有人工湖和连绵不断的人工山,山上宫殿林立,曲折盘旋。另有人工小运河,由人工湖通到洛水,沿小运河两岸建皇宫十六所,称为“十六院”,每院都有数百名美女,装修奢侈豪华,宛若人间天堂。杨广每次出游赏月,随行的宫女就有数千人之多。他又在洛阳南郊建“显仁宫”,在太原建“晋阳宫”,在汾州建“汾阳宫”。

杨广还征发了上百万的士兵和农夫,修造通济渠。同年,又改造邗沟,之后开凿了永济渠,疏通了江南河。至此,开凿大运河的工程基本完成。前后仅用了六年的时间。隋炀帝开凿的大运河从北方的涿郡到达南方的余杭,南北蜿蜒长达五千多里。大运河将钱塘江、长江、淮河、黄河、海河连接起来,不仅加强了隋王朝对南方的军事与政治统治,而且使南方的物资能够顺利地到达当时的洛阳和长安,在有利于军事和政治的同时,南北方的文化交流也得到了有力的加强。如此浩大的工程,利于千功万代。

但是,面对这样一条世界上开凿最早,里程最长,造福千秋万代的人工运河,隋炀帝最初的动机却不是为了国家和人民的利益。

杨广曾经先后三次下江南游玩,仅皇家乘坐的龙舟就有数千艘,不用桨篙,而用纤夫,光拉纤的纤夫就多达八万余人。禁卫军乘坐的军舰也有几千艘,由军士自己拉纤。一万多艘船只,

隋炀帝杨广陵墓

首尾相衔长达百余千米。两岸有骑兵夹岸护卫,万马奔腾, 旌旗遍野,场面很宏伟。

杨广的饮食供应全部由沿岸两地的地方政府奉献, 当地的官员为了献媚都竞争着贡献精美的食物,因贡献的食物太多,宫人们无法吃完,临走时便一律倒掉。他又听说吐谷浑的波斯马,放逐在青海草原上,能生龙驹,可日行千里,他就从吐谷浑买了两千匹雌马放逐在川谷中以求“龙种”,种种荒诞不经的行为就是为了满足私欲。

杨广最后一次出游江都, 因全国各地百姓不堪暴政纷纷举起义旗,遍地的武装截断了他的归路,他见天下大乱,只好在江都住了一年多,最后被亲信大将宇文化及绞死,死时五十岁。隋王朝也跟着结束了。

杨广聪明绝顶,但是过于刚愎自用,他曾对大臣说:“我天生就不喜欢听相反的意见, 对所谓直言敢谏的人,都说他们忠诚,但我是最无法能忍的。你们如果想加官晋爵,就一定要听话。”

事实证明,正是杨广的聪明和自以为是毁了他,也毁了他的国家。

流氓皇帝——朱温

朱温原本参加了黄巢的起义军，在作战中屡立战功，很快成为了一员大将。不久，朱温背叛了黄巢，率军投降唐朝，被唐僖宗封为左金吾卫大将军，赐名全忠。后来，他逼迫唐昭宣帝退位，自己称帝，灭了唐朝。朱温荒淫暴虐，最终因子嗣争夺储位被其子朱友珪杀死。

朱温从小就不喜欢耕田种地，只喜欢打猎，常常带着弓箭到深山里猎取一些山鸡野兔。一次，朱温和二哥朱存在宋州郊外打猎，遇到了上山进香还愿的富家少女张惠。张惠是宋州刺史张蕤的女儿，温柔美丽。

黄巢起义图

朱温对张惠一见钟情，对朱存说："汉光武帝曾经说过，'仕宦当作执金吾，娶妻当如阴丽华。’阴丽华也不过如此吧，而我也可以成为汉光武帝啊！总有一天，我一定要把此女娶为妻子。”朱存讥笑弟弟不自量力，对朱温的这番大话也没有放在心上。

黄巢起义爆发后，朱温与朱存都参加了农民起义军。朱温凭着身强体壮，作战勇猛，屡立战功，不久得补为队长。在参加黄巢的起义还不足五年的时候，朱温就已经成为黄巢手下数一数二的战将，以自己的勇猛善战深得黄巢的信任，遂倚为亲信。

黄巢起义图

在朱温为同州防御史的时候，他与自己的心上人张惠意外相逢。此时的张惠因父母双亡，早已经沦落为难民，流落到同州时，被朱温的部下所掠取，见她美貌出众，便进献给了朱温。朱温认出了张惠，喜不自胜。张惠却根本不认识朱温。

当她得知朱温是自己同乡，且在数年前就对自己倾心不已以致至今未娶，不禁十分感动。朱温趁机提出要娶张氏为妻，张惠正处于家破人亡、流离失所的境地，又见到朱温确实是真情一片，便点头答应。

朱温很重视这门亲事，千辛万苦地寻访到了张惠的族叔，并且为了隆重，按照古礼，三媒六聘，择了个良辰吉日成了婚，张惠在他心中的地位也由此可见。

张惠人如其名，温柔贤惠，又足智多谋，细心照顾朱温的同时也会为朱温出谋划策，朱温对张惠越加地敬佩了。

朱温本性狡诈多疑，动不动就猜忌疑心部下，因此而被处死的将士很多。就连自己的亲生儿子，朱温也同样对待。张惠得知后时常来解救，经常几句温柔在理的话就使朱温平息了暴怒，因此很多人对她感激不尽。

一次，朱温的长子朱友裕奉命攻打朱瑾，但是没有乘胜追击朱瑾，回来后朱温非常恼怒，怀疑他私通朱瑾，意欲叛变谋反，吓得朱友裕逃入深山躲了起来。张惠知道这件事后，为让父子和好，就私底下派人将他接了回来，向父亲请罪。

朱温暴怒之下命人将朱友裕绑出去斩首示众。这时，张惠匆匆从内室里跑出来，拉住朱友裕的胳膊对朱温哭诉道："他回来向你请罪，这就表明了他并没有谋反之心。为何还要杀他？"朱温看着妻子和儿子，心软了下来，最终赦免了儿子。

张惠和朱温一起生活了二十多年，在朱温建立后梁之前却染病去世。朱温得到张惠病重的消息，急忙从战场赶了回来。

张惠对朱温说道："既然你有建立宏图霸业的志向，我也没有办法阻止你了。但是凡事还是请你三思而后行。如果真能顺利登基，实现大志，我最后还有一言，请你记下。"

朱温忙说："有什么话尽管说，我一定听从。"张惠缓缓说道："你英武不凡，别的事我都放心，但是杀气太重，贪恋酒色时常让人放心不下。所以'戒杀远色'这四个字，千万牢记！如果你能答应，那我也就可以放心了。"

张惠死后，不仅朱温难过，就连众多将士也是悲伤不已。

残忍嗜杀

朱温称帝登基后,改革了唐代末期的一些弊政,废除了枢密院,另立崇政院,减轻了赋税,约束功臣的行为,一旦有骄横的人出现,立即杀掉或者终身被囚，以绝后患。他在位期间,与晋王李克用父子长期混战,先后死伤不计其数。

由于屡有失败,使他变得忧郁狂躁,身边大臣往往因小事而被诛杀。为保证战斗力,朱温对待士兵极为严厉,每次作战时,如果将领战死在沙场上,那么所属士兵也必须与将领与阵地共同存亡,如果生还就全部杀掉,名为“跋队斩”。所以,将领一死,士兵也就纷纷逃亡,不敢归队。朱温又命人在士兵的脸上刺字,如果因思念家乡逃走或者战斗结束后私自逃命，一旦被抓获送回,则必死无疑。

朱温少年得志,人长得英俊帅气,然而却人人都害怕他,就像看见了老虎一样,因此而得到了一个绰号——“乳虎”。朱温生性好杀，身边的官员稍有一点违背他的意志的，就会被立刻杀掉。因此朱温的官员,在每天上班之前,都要先跟家人做好生死离别,晚上如果能够下班回家,发现头还在脖子上,就会开始庆祝,庆幸自己又多活了一天。

有一天,朱温带着一群官员与侍从,围坐在一棵树下休息,朱温突然间来了一句:“这棵树,做车轮很好！”大家一时不知道怎么回答,有几个反应快的,就顺着说:“不错不错,是很适合做车轮！”

话音才落，就听朱温大怒地说："这种树还能做车轮，就是你们这些酸腐文人，随口应付！来人，拉出去砍了！"想来朱温的属下，特别是经常跟随左右的人，早就清楚他的性格了，他说什么就是什么，所以随口附和也在情理之中，但是谁也没想到此时的朱温，又从另一个方面思考问题了。

总之，不听话的要杀，听话的，在心里不爽时也要杀，杀与不杀，没有标准，就是看朱温开不开心，这也更印证了古人的那句话：伴君如伴虎。

淫乱无度

朱温酷爱女色，极其淫乱，先前妻子张惠在世时，朱温因为张惠的贤惠，也没有像其他人那样娶三妻四妾。但是，张惠死后，朱温却纵情声色，忘了妻子临别忠告。他的儿子在外打仗时，他就经常召儿媳进宫侍寝。

朱温

他的儿子虽然都知道，但为了争夺皇位，也都甘心让妻子入宫侍寝以争宠。他的养子朱友文的妻子王氏貌美如花，很得朱温的喜爱，也因为她的缘故，朱温打算立朱友文为太子。但是他的三儿子朱友珪心中却愤愤不平，便也派妻子张氏朝夕侍候在

朱温身边。

朱温病危时，让王氏召朱友文回来安排后事，并打算传位给朱友文，张氏知道后急忙告诉了朱友珪。朱友珪和家将冯廷锷带着五百亲兵，假称奉旨入宫，混入到皇宫中，分散埋伏着。

夜深人静的时候，亲兵又集中起来，突然冲进了朱温的寝宫。左右侍从早就怨恨朱温的荒淫暴虐，都纷纷逃走了，只剩下朱温单身一人。

朱温揭开帐子，见是朱友珪杀气腾腾地带兵进来了，便破口大骂说："我早就怀疑你有反叛之心，真后悔没有早下手杀了你！你这罪恶滔天的逆子，竟要叛君弑父，天地不会容你的。"

朱友珪也瞪眼对骂道："你这不讲天理伦常的昏君，早就应当被碎尸万段了！"这时，冯廷锷拔剑扑向床边，朱温慌忙下床绕着柱子躲闪。冯廷锷连劈三剑，都被朱温躲过了。

朱温正患着病，身体虚弱得很，经几次躲闪已经是头昏眼花了，最后终于支持不住，颓然跌倒在地。冯廷锷抢上一步，一剑刺入朱温腹部，朱温挣扎了一会儿便死去了。

朱友珪登上皇帝的宝座后，虽然大量赏赐将领士兵以图收买人心，然而很多老将还是心有不满，而朱友珪本人也是荒淫无度之辈，因此很不得人心。

后来，朱温的女婿赵岩、外甥袁象先、儿子均王朱友贞、将领杨师厚等人密谋策划政变，推翻了朱友珪的政权。

荒唐暴戾——耶律璟

辽穆宗耶律璟是辽太宗耶律德光的长子，即位前为寿安王。公元951年，辽世宗耶律阮被耶律察割等人弑杀，耶律璟正随征军中，诛杀了耶律察割，即皇帝位，成为大辽的第四位皇帝。耶律璟是中国历史上有名的暴君，在位期间，杀人无数，后为近侍所杀。

辽太祖耶律阿保机有三子，长子耶律倍，次子耶律德光，三子耶律李胡。太祖死后，次子耶律德光即位。耶律德光死后，耶律倍的儿子耶律阮即位。耶律阮被杀后，耶律德光的儿子耶律璟即位。而耶律璟的继任者是耶律阮的儿子耶律贤。辽国政权最终在耶律倍一支传承下去。

耶律璟虽然登上了皇位，但是却面临着众多兄弟的虎视眈眈，为了巩固自己的皇位，辽穆宗和历朝历代的皇帝一样，对异己力量进行了排斥和打压。原来和辽世宗关系比较好的大臣，有的被罢官，有的永不再重用。

耶律颓显本来对耶律璟继承皇位立下了大功，辽穆宗也许诺给他本部大王之位，但因为耶律颓显总是在不经意间提起辽世宗对他的恩情，这让穆宗很不高兴，所以给他大王的许诺也就放在一边不再提了。对于敢公开反对他，进行谋叛的人，耶律璟也毫不留情地镇压。

除了镇压的手段，耶律璟还禁止大臣随便讨论朝政。很多大臣就是因为议论朝政而被贬官、罢官。耶律璟虽然将这些叛乱都平息了，但无法从根本上杜绝叛乱的发生。因为辽国并没有严格的皇位继承制度，一直遵循着“胜者为王”的游戏规则。

穆宗即位还不足一年的时候，担任政事令的国舅肖眉古得和宣政殿学士李浣商议投奔后周，李浣给在后周做官的哥哥李涛写信，说契丹的君主很昏庸，只知道喝酒玩乐，没有大志向，建议后周对契丹用兵。没想到事情最后泄露，肖眉古得被杀，李浣被处以杖刑。事情刚刚过去没多久，辽世宗的弟弟耶律娄国又想自立为帝，被耶律璟杀死，同谋耶律敌猎更被凌迟处死。

辽穆宗时期瓷器

耶律李胡的儿子耶律宛也谋反叛乱，还涉及了耶律璟的弟弟，连原来世宗的重臣耶律安搏也牵连在了其中。最终，安搏死在了监狱中，其他人都被处死，而耶律璟的弟弟和耶律宛却被释放了。这和他的父亲辽太宗惩罚反叛兄弟的手法如出一辙。

政事令耶律寿远和太保肖阿不等人谋反，最后都被处死了。不久，又发生李胡儿子耶律喜隐的叛乱。耶律璟将李胡父子都抓进了监狱，李胡死在狱中。

耶律璟在位期间，皇族的反叛谋逆事件从没有终止过，耶律璟都坚决予以镇压，除了放过几个血缘很亲的皇族，其他全部处死。

嗜酒如命

耶律璟生性喜爱喝酒，白天晚上不分昼夜地喝，在平定了叛乱稳固了政权之后，觉得帝位已无后顾之忧，于是更加无所顾忌地喝酒。

耶律璟把朝政大权全部交给大臣耶律屋质和耶律挞烈，自己什么事也不管，完全一门心思地喝酒玩耍。他爱喝酒简直痴迷到了一定程度，只要他听说哪个大臣家里有好酒，便会前去畅饮，有时一天连喝好几家，喝高兴了就胡乱赏赐，随便给人升官，以至于左右被授予官爵的人特别多。就是这样喝还是觉得不过瘾，于是又换上老百姓的服装，到市井中买酒喝，连着喝三天三夜。

他嗜酒如命，能连着喝一个月的酒不停歇，大臣有时来向他奏事，他告诉大臣他喝醉了处理事情可能有失误，可以等他酒醒的时候再奏。

耶律璟还喜欢游猎，而且不分季节，不管寒冬还是盛夏，只要高兴，便去游猎。他的游猎场地大多数在怀州，当地有几座山风景优美，动物成群，非常适合打猎。他一年四季打猎，基本上都在这几座山里。常常一玩就是一个月，朝政更是没功夫理了。他在游猎的时候也不忘喝酒，经常一边在野外打猎一边饮酒，打猎走到哪儿就喝到哪儿。

因为嗜酒，穆宗大多数时候都处于非清醒的状态，经常喝得烂醉如泥，然后倒头就睡，他睡觉的境界已经高到一定程度了。由于耶律璟基本都是晚上喝酒作乐，一直到第二天早晨，所以他的白天基本上就是在睡梦中度过的，所以群臣便称他为“睡王”。

由于纵酒过度，耶律璟身体越来越差，于是他就想寻求长生之药。一个叫肖古的女巫声称有延年益寿的秘方，但必须用男人的胆做药引子才行，于是耶律璟从此每吃一服药，就要杀一个人，结果身子骨非但不见好，反而越来越虚弱，他认为女巫欺骗了他，于是将女巫杀死。

杀人成性

耶律璟统治期间，契丹贵族夺权活动频繁，社会秩序动荡不安。也许是听了女巫的话，需要药引子。耶律璟晚年时可以用杀人如麻来形容，死在他手里的人不计其数。他生性残暴，却经常叮嘱大臣进谏，而大臣见他暴虐，谁不也敢劝谏，有时劝说几句他也不肯听。

他的侍从整天提心吊胆，近侍东儿就因为送吃饭的碗筷慢了，而被耶律璟杀死；耶律璟借口近侍喜哥私自回家，便把他的妻子也杀掉了；一个侍从因为伤了獐子，也被耶律璟仗杀。

此后，耶律璟每年都会无端杀人，关于他杀人的记录触目惊心。他采取的杀人手段也极其残忍，有刺面、腰斩、炮烙、铁梳等。杀人的理由也是千奇百怪，特别是他的近侍，往往因为一点鸡毛蒜皮的小事就惨遭他杀害。

公元 969 年，耶律璟带着亲信大臣前往黑山游猎，回到行帐后喝得醉气熏天的。可能是半夜醒来叫左右的侍从，结果没人答应，耶律璟大怒，要杀侍从； 这些人很害怕，趁着耶律璟又昏睡过去的时候联合起来，杀了他，时年三十九岁。

耶律璟年间钱币

残忍嗜杀——完颜亮

完颜亮是金代的第四位皇帝，金太祖完颜阿骨打庶长孙，完颜宗干次子。他在位十二年，在位期间杀人无数，后死于内乱，时年四十岁。

完颜亮自幼聪敏好学，汉文化功底深厚，十八岁时即以宗室子的身份效力军前，管理万人，几年之间连续升官，逐渐把持了权柄，并且安插了自己的心腹担任了要职。

在一次和金熙宗谈话时，聊到太祖创业的艰难，完颜亮痛哭流涕，熙宗认为他很忠心，后来不断地把权力转交给他。最后，官拜太保、领三省事，被授予右丞相。完颜亮为人处事更加八面玲珑，专门结交有权势和名望的家族。

熙宗慢慢地对完颜亮膨胀起来的势力有所不满。熙宗派了个叫大兴国的随从送礼物给完颜亮过生日，熙宗皇后也附上了自己赐予完颜亮的礼物，结果熙宗不高兴了，打了大兴国一百杖，追要回了那些礼物，完颜亮从此感到非常不安。

学士张钧起草诏书时擅自改动，熙宗问是谁指使的，左丞相完颜宗贤回答："是太保完颜亮。"熙宗很不高兴，贬斥了完颜亮出任行台尚书省事。完颜亮路过中京的时候，和兵部侍郎萧裕密谋定约而去。走到良乡的时候，熙宗又把他召回。完颜亮不知道熙宗的用意何在，非常惊恐。回到京城后，熙宗恢复了他原本的官位。但是此时完颜亮反意已决。

弑君篡位

熙宗以太祖皇帝的嫡孙身份即位，完颜亮认为自己是太祖长子完颜宗干的儿子，也是太祖的孙子，所以对皇位常怀觊觎之心。熙宗即位之后，经常胡乱发脾气杀人，动辄因为一点小事就杖责大臣，引起了朝臣的不满。

一次，熙宗因为一点小事又杖责了左丞唐括辩和右丞相完颜秉德，二人怀恨在心，很快就与完颜亮勾结在一起。有一天，完颜亮和唐括辩提到废旧君立新君的事，完颜亮说："如果要举行大事，谁可以拥立为新君呢？"

唐括辩说："胙王常胜可以吗？"完颜亮接着问其次谁还可以，唐括辩说："邓王的儿子阿楞。"

完颜亮塑像

完颜亮说："阿楞才疏学浅，难当大任。"唐括辩说："您难道有意吗？"完颜亮说："真的到不得已之时，除了我还能有谁！"于是天天和唐括辩在一起密谋策划。护卫将军特思怀疑他们的行为，就把这个情况报告给了皇后，皇后又把这一情况告诉了熙宗，熙宗大怒，对唐括辩施加了杖刑。

完颜亮因此非常忌讳完颜元、完颜阿楞，并且极其讨厌完颜特思。当时有个河南籍的士兵自称是皇上的弟弟，然而熙宗只有常胜、查剌两个弟弟，完颜亮便趁机设计陷害常胜、查剌等。熙宗派特思前去审讯常胜等人，却没有询问出结果。完颜亮便趁机说："特思包藏祸心，不按实际情况办事。"于是，熙宗将特思和常胜等人一起杀害了。

完颜亮除去了熙宗的至亲后，就准备开始行事了。之前因送礼一事被杖责一百的大兴国，因为和完颜亮的心腹是亲戚，于是也和完颜亮勾结在一起，他当时负责照顾熙宗寝宫中的起居生活。

当天夜里，大兴国用皇宫的钥匙打开了所有的宫门，带领完颜亮等人来到了熙宗的寝宫，熙宗本来常把佩刀放在床上，在这之前，大兴国已经偷偷地将佩刀放到了床下，等到完颜亮等人来到熙宗的寝宫后，熙宗没有找到佩刀，于是被杀害了，之后他们假称熙宗商议立后一事，召众大臣入宫，杀了完颜宗敏和完颜宗贤。完颜亮登基为皇帝，先后诛杀了宗室贵族上百人。

残暴被杀

完颜亮当上皇帝后，大肆兴建宫殿，并且疯狂地猎取女色，不分老少亲疏尊卑，只要被他看中，都难逃他的手掌。完颜亮曾经跟他的大臣说过他的三大志向：一是所有的国家大事，都有我来决断；二是让外邦所有国家的君主都臣服于我；三是得到全天下的美女。

完颜亮在位十多年，常常把自己伪装成圣君仁主的样子。时常彰显自己生活勤俭，他平日里只吃鹅，可是每到一个地方去巡游打猎，他都不时地要求索取，虽然是一只鹅，在市场上有时却要卖数万钱。

完颜亮有时拿破被子盖在衣服上面让近臣看或者穿打补丁的衣服，特地让记注官看见他这样。他让大臣有话直说，然而一个官员却因为直言进谏而招致了杀身之祸。对亲近的一帮小人，封官赏赐从没有限度。常常把黄金放在床垫和褥子之间，有他喜欢的人，就让这个人自己去拿那些金子。杀人的时候很随意，从来不问那个人是否有罪。

完颜亮塑像

营造南京宫殿的时候，运输一块木头的费用竟然高达二千万，运送一车材料的人力就高达五百人。宫殿全部用黄金来装饰，中间还镶嵌着各种样式的珠宝，黄金的碎屑漫天飞舞，就像下雪一样。

一座的宫殿的成本要用亿万两白银来计算，如果修得不满意就毁掉重修，务必要使宫殿极尽奢华。他为了南征，在长江上造战舰，不惜毁掉两岸老百姓的住宅来当材料，奴役老百姓就像对待牛马一样，浪费财物就像尘土草芥一般。

完颜亮在位时，杀了一大批皇室宗亲，然而完颜雍却安然无恙，原来是完颜雍的妻子乌林答氏给他出主意，让他送一些奇珍异宝给完颜亮以讨得他的欢心。 后来完颜雍被任命为东京留守，完颜亮让乌林答氏入京为人质，深知完颜亮好色成性的乌林答氏为了保全完颜雍，只好进京，在快要到中都时，自杀身亡。从此，完颜雍对完颜亮恨之入骨。

完颜亮塑像

完颜亮大举进攻南宋，完颜雍早有取而代之的想法，他认为机会来了。在几个世族大家的支持下，完颜雍称帝，史称“金世宗”，世宗下诏讨伐完颜亮。他积极拉拢金国的元老贵族和完颜亮手下不受重用的官员，很快便取得了他们的支持，进入了中都，掌握了大金的政权。

完颜亮继续南进攻宋，不久军中发生叛变，完颜亮被杀。金世宗降封其为海陵郡王，谥号为炀。后来由于被完颜亮所弑杀并被废封为东昏王的金熙宗供入太庙，又再降完颜亮为海陵庶人。

惟事荒怠——元顺帝

元顺帝，元朝的末代的皇帝，名叫妥懽帖睦尔，元明宗之子。在位期间，官吏贪婪无度，灾害频发，百姓生活水深火热，不断爆发农民起义。后来明军攻克大都，顺帝北逃，元朝灭亡。

元朝泰定帝死的时候，太师燕铁木儿与诸王、大臣迎立文宗即位，文宗因为他的哥哥是嫡长子，便遣使迎接他的哥哥即位，就是元明宗。明宗即位后，立文宗为皇太弟。没想到明宗在去往大都的路上突然死了。文宗复了帝位，而明宗的儿子妥懽帖睦尔就被流放到了高丽的大青岛中。

三年后，不到三十岁的元文宗死去，燕铁木儿上书请文宗的皇后立太子燕帖古思。皇后不答应，反而立了明宗的次子懿玺只班，是为宁宗。然而，宁宗只做了几个月的皇帝就去世了。燕铁木儿又请立燕帖古思，文宗皇后则让立十三岁的明宗长子妥懽帖睦尔。

燕铁木儿只好去高丽迎接妥懽帖睦尔来大都即位。见到妥懽帖睦尔后，燕铁木儿与他并马一起往回走，态度傲慢地扬着马鞭向他陈述了迎立他的意图。妥懽帖睦尔年纪小，看见跋扈的燕铁木儿十分害怕，什么话也不敢说。这反倒引起了燕铁木儿的怀疑，认为他是个很有心计的人。

元顺帝浮雕像

等到了京师后，很长时间也不再提立他当皇帝的话。因为所有国事都决于权臣燕铁木儿，群臣也不敢过问。几个月后燕铁木儿因荒淫过度而死，妥懽帖睦尔这才当了皇帝，这就是元朝的末代皇帝。后来明兵攻入都城，妥懽帖睦尔便逃亡到了漠北。明太祖朱元璋说他顺天知命，自动退避到大漠，特加封号为顺帝。

顺帝的近臣阿鲁辉帖木儿对顺帝说："天下政事应该委任给宰相来处理，倘若陛下什么事都亲力亲为的话，事情办得不好很容易会背负恶名。"顺帝认为他说得有理，于是便住在深宫里不出来，命伯颜为太师、中书右丞相；燕铁木儿的弟弟撒敦为太傅、左丞相，燕铁木儿的儿子唐其势为御史大夫，三人在朝中统领百官，全权处理政事。

燕铁木儿虽然死了，但是他的势力还在。而且顺帝年纪太小，太皇太后认为燕帖木儿功绩卓著，将他的女儿答纳失里嫁给了十三岁的顺帝做了皇后。

答纳失里与顺帝二人年纪都小，根本不懂是什么爱情。答纳失里以前在家蛮横跋扈惯了，加上倚仗叔父与兄长的权势，根本不把顺帝放在眼里。她私自传懿旨，将十万两盐银据为己有，还时常对宫廷的后妃指责打骂。徽政院使秃满迭儿进献了一名高丽的女子奇氏入宫，奇氏名叫完者忽都，她不仅模样长得俊俏，还十分乖巧伶俐，善于煮茶。

顺帝对她十分宠爱，皇后答纳失里得知这件事后，怒不可遏地召来奇氏，用鞭子打得奇氏遍体鳞伤。此时的顺帝只能选择一言不发，他的年龄和资历都决定他只能暂时在权力之外忍耐着。

燕铁木儿的儿子唐其势叛乱，被伯颜平定，其两个儿子被杀，皇后答纳失里被毒杀。从此燕铁木儿家彻底败落。右丞相伯颜独揽朝政，也开始飞扬跋扈起来。伯颜的侄儿脱脱对叔父的滥杀跋扈十分不满，决定大义灭亲，劝顺帝除掉伯颜。后伯颜被顺帝设计流放岭南，顺帝才开始亲政。

沉迷酒色

顺帝很信任脱脱，曾让皇子拜脱脱为师傅。哈麻是先帝宁宗乳母的儿子，哈麻与母弟雪雪受到顺帝的宠幸，很早就在皇宫中做了侍卫。哈麻的口才很好，不久就升为殿中侍卫史了。

哈麻每天都去宰相脱脱那里，脱脱就误认为哈麻是个好人。当时天下起义军烽烟四起，朝廷派出的征讨大军接连溃败，脱脱准备亲自出征，临行时他入宫面见顺帝奏请哈麻兄弟可托国事。

顺帝立刻擢升哈麻为中书右丞，雪雪为同知枢密院事。脱脱大军很快平息了叛乱，顺帝将一切国政大事全部都委托脱脱处理，自己每天在宫中沉迷于酒色不能自拔。

鲁班天子

元顺帝聪明灵巧，有设计天赋，曾经亲自制作修造了一个龙船。船首尾长度共一百二十尺，宽二十尺，上有帘棚、穿廊、暖阁、楼阁、殿宇等。从后宫到前宫山下的河里，来来回回地游玩。行进时，船的龙首眼睛和爪子以及尾巴都能动。

他又自己制作了宫漏，高大概六七尺，宽三尺，用木头造了一个柜，里面暗藏了几把壶，靠水的力量来让他们上下运动。柜上设计了一个西方三圣殿，柜中的位置立着一位漂亮的女子手里捧着标示着时刻的牌子，时间到了的时候，就会自动浮出水面。左右各站着一个金甲

元顺帝像

神，手持钟钲，夜晚的时候，金甲神会自动根据时刻来敲击钟钲，分毫不差。

当钟钲齐鸣的时候，一旁的狮子和凤凰就会一齐飞舞，柜的东西两侧有日月宫，有六位仙人立在宫门前，子午时刻交替的时候，仙人就会自动进入宫门，经过仙桥，到达三圣殿，然后就会回到之前的位置。这种奇妙惊奇的设计，是前代所没有的，所以称呼顺帝为“鲁班天子”。

元顺帝荒怠朝政，听信谗言，贬黜了素有“贤相”之称的右丞相脱脱，国家大权全归哈麻、雪雪兄弟。脱脱被流放云南，之后被哈麻派人毒死。而哈麻、雪雪二人只知道玩弄权术，又计划阴谋废除元顺帝，结果事情败露之后二人被杀。

不久，元朝内部出现了争夺皇位的暗战，皇后奇氏不满意丈夫的所作所为，希望丈夫退位，由自己的儿子爱猷识理达腊继位。朝臣也分化为两派：一派以御史大夫老的沙、知枢密院事图坚帖木儿为首，拥护元顺帝；一派以皇后奇氏、丞相搠思监、朴布华为首，支持皇太子爱猷识理达腊。两派几乎势均力敌，矛盾急剧尖锐。

元顺帝的号令已经失去作用，朝廷内部只知道争权夺利，外部各地守军独霸一方，农民起义此起彼伏，政权面临着土崩瓦解的局面。

在起义军快要攻到大都的时候，元顺帝北逃回蒙古高原，最后病死在应昌，元朝势力退出中原。

荒唐国君——齐襄公

齐襄公于公元前698年即位为国君。是齐僖公的儿子、齐桓公的哥哥，春秋时代齐国第十四位国君。在位期间，国力渐强，曾攻伐卫国、鲁国、郑国。

为情杀人

齐襄公与其妹文姜有私情，后来文姜嫁到鲁国为夫人。齐襄公即位的第三年，即文姜嫁鲁的第十五年，他决定向周庄王的妹妹周王姬求婚。并按照周礼，邀请和周天子同姓的鲁国国君桓公来代为主持。文姜闻讯，便要求和丈夫一起去齐国，鲁桓公不顾大臣反对，答应了她的请求。

在齐国，文姜和齐襄公旧情复燃，她留宿齐宫彻夜不回鲁侯居住的驿馆，鲁桓公为此大为恼火并斥责了妻子。不想文姜转而向兄长齐襄公告状，为和妹妹长相厮守齐襄公起了杀心。他设宴款待鲁桓公，同时交代公子彭生在送鲁桓公回驿馆的路上将其杀死。鲁国使者对国君之死不依不饶，一定要齐襄公给个说法。最后，齐襄公杀死了彭生，算是对鲁国有了个交代。

鲁桓公死后文姜便频频来往于齐鲁之间，即位的鲁庄公也默认了母亲和舅舅的暧昧关系，他继续为齐襄公和王姬主婚，并为母亲在齐鲁交界的禚地建立宫舍，并且还亲自到禚地与齐襄公狩猎。

行宫惊变

公元前686年，大臣连称、管至父伙同公孙无知杀齐襄公。起因是前687年齐襄公命连、管二人率兵守葵丘，允诺甜瓜再熟时换防，一年后到期却仍不换防。连称、管至父再三要求襄公换防，襄公就是不准。连称有妹为襄公妾室，因襄公只钟情于文姜而未曾受宠，于是怀恨在心，私通公孙无知等密谋叛乱。

公孙无知许诺若他能当上国君就让连妹做自己的夫人。这一年的十二月，正是隆冬之际，襄公出游姑棼，于是就到沛丘狩猎。在狩猎过程中襄公因受到惊吓，从车上摔了下来，摔伤了。回宫后发现自己丢了一只鞋，就不分青红皂白地把替他看鞋的侍从鞭打了一通。这个侍从出宫后，正碰见公孙无知与连称等人率兵前来。他们听说襄公受了伤，于是来袭击行宫。这个侍从对他们说："你们先不要进去惊动昏君，一旦惊动了他就不容易杀进去了。"

公孙无知等人不信他的话，侍从便让他们看了自己身上的伤，他们才相信。于是他们派这个侍从先进去，侍从进去后，把齐襄公藏了起来。

公孙无知等人进去后，这个侍从带着宫内的其他侍从与叛军打了起来，结果因寡不敌众，全部被杀死。他们寻找齐襄公，怎么也找不见。突然发现门后有人行走，正是齐襄公，于是他们将齐襄公杀死。之后，公孙无知自立为齐君。

图书在版编目(CIP)数据

中国历代暴君 / 荀伟东编著. -- 长春 : 吉林出版集团股份有限公司, 2014.10
(历史的天空 / 张帆主编)
ISBN 978-7-5534-5669-0

Ⅰ. ①中… Ⅱ. ①荀… Ⅲ. ①帝王—生平事迹—中国—少儿读物 Ⅳ. ①K827=2

中国版本图书馆 CIP 数据核字(2014)第 221411 号

历史的天空（彩图版）
中国历代暴君
ZHONGGUO LIDAI BAOJUN

著　　者　荀伟东
出 版 人　吴　强
责任编辑　陈佩雄
开　　本　710 mm × 1000 mm　1/16
印　　张　10
字　　数　150千字
版　　次　2014年10月第1版
印　　次　2021年11月第3次印刷

出　　版　吉林出版集团股份有限公司
发　　行　吉林音像出版社有限责任公司
　　　　　吉林北方卡通动漫有限责任公司
　　　　　（吉林省长春市南关区福祉大路5788号）
电　　话　0431-81629667
印　　刷　鸿鹄（唐山）印务有限公司

ISBN 978-7-5534-5669-0　　定　　价　45.00元